스마트 에이징을 위한

치매 예방 인지 · 의사소통 놀이 48

스마트 에이징을 위한

치매 예방 인지·의사소통 놀이 48

| 이금자 · 김화수 · 임은실 공저 |

Anti-Dementia Cognitive Communication Play for Smart Ageing 48

학지사

머리말

떡국 먹고 나이 한 살
공짜라고 나이를 먹다가 보니
벌써 96살

올해는
떡국도 안 먹고
나이도 안 먹을란다

난 이제 96살만 할란다

늙어 봐라
똥 나오는 거 아나
오줌 나오는 것 아나

자식들이
이리 가소 저리 가소
말 한마디에
대꾸 없이 움직여야 하고
먹는 것도
저것들 조타는 것 억지로 먹어야 하고

나는 젊어도 봤고
늙어도 봤다

앞의 시는『할배 할매들의 못다 한 이야기』라는 책에서 발췌한 것이다.『할배 할매들의 못다 한 이야기』는 저자 가운데 한 사람인 이금자 박사가 대구사회복지공동모금회 등의 지원을 받아 여러 어르신의 구술로 된 시를 정리해서 펴낸 책이다. 활동이 가능한 노인은 복지관, 마을 공동체에서 운영하는 모임에 자발적으로 참여하는 경우가 많지만, 활동이 힘든 노인은 경도인지장애나 치매, 뇌졸중 등을 비롯한 여러 어려움을 가진 채 요양기관이나 주간보호센터에 오기도 한다. 센터에서 많은 활동을 하며 의사소통하는 과정은 지나간 시간의 기억과 함께 현재의 신체, 정서, 인지가 모두 담겨 있는 소중한 여정임에 틀림없다.

이제는 그야말로 120세 시대를 앞두고 있다고 해도 과언이 아니다. 이러한 시대의 흐름에 맞추어 노화에 대해 긍정적이며 적극적인 태도를 가져야 하는 것은 자명한 일이다. 그런 의미에서 스마트 에이징은 노인의 자기결정과 행복을 위한 걸음걸이이자 자율성, 사회참여와 존엄성 유지를 위한 강력한 정책으로 연결되어야 한다. 저자들은 2015년에 이미 학지사에서『치매 예방을 위한 인지 · 의사소통 놀이 50』이라는 책을 통해 각 기관에서 그대로 사용할 수 있도록 놀이로서의 프로그램을 제시한 바 있다. 이후 그 책을 통해 하루의 시간을 재미있는 활동으로 운영할 수 있었다는 기관종사자의 긍정적인 반응과 함께 이미 대학교에서 교재로 사용하고 있다는 소식까지 전해 들었다. 다양한 프로그램을 지속적으로 개발해야겠다는 사명감이 두 번째 책을 소개해야겠다는 용기를 갖게 했고, 이 마음은 우리를 다시 모이게 했다.

저자 세 명은 활동가이자 사회복지학 박사, 의사소통을 연구하는 언어병리학과 교수, 국책사업을 주로 연구하는 간호학과 교수로 구성되어 있다. 우리는 단지 연구자로뿐만이 아니라 직접적 중재자로서 많은 시간을 현장에서 보내 온 경험을 가지고 있다. 이금자 박사는 국민건강보험공단 평가 최우수기관으로 선정된 선정노인복지센터를 운영하면서 직접 시행했던 여러 프로그램 중 결과가 좋았던 활동 48개를 선택하여 사진으로 남겨 주었다. 2018년까지 5년 연속 대구대학교 연구자상을 수상한 김화수 교수는 영유아기에서 노인기까지의 언어와 의사소통 분야에서 직접 상담하고 연구해 온 경험을 바탕으로 놀이 프로그램을 언어 및 인지 재활과 연결되도록 구체화하였다. 2018년에 국무총리상을 수상한 임은

실 교수는 국가에서 시행한 여러 연구를 바탕으로 우리의 프로그램이 전문교육의 실제적인 내용과 부합하도록 증진 영역을 검토하면서 전체를 가다듬었다.

이 책은 현장에서 직접 운영하고 있는 프로그램 중 참여하는 여러 어르신이 가장 좋아했고 관심이 높았던 프로그램을 모아 구성한 것이라는 장점이 있다. 우리는 이 책이 요양원, 주간보호센터, 방문요양, 노인종합복지관 등에서 효과적으로 사용될 수 있기를 기대한다. 부족한 원고이지만 출판을 격려해 주시고 꼼꼼히 편집해 주신 학지사 관계자분들께 감사드린다. 또한 곁에서 늘 응원해 주는 우리의 가족들에게도 깊은 사랑을 전한다.

2019년 4월

이금자, 김화수, 임은실

차례

Part 3

신체활동 영역

Part 4

일상생활 영역

Part 5

회상 영역

Part 6

사회적응 영역

Part 1

언어활동 영역

1. 인형 옷 갈아입히기
2. 인형 돌보기 놀이
3. 사물카드 언어 놀이
4. 끝말잇기하며 문장 만들기
5. 소망을 들어주는 집
6. 왕과 왕비 되기
7. 화선지 부채에 자기 표현하기

1 인형 옷 갈아입히기

활동목표	• 인형 옷을 갈아입히는 활동을 함으로써 소근육 운동을 강화한다. • 옷을 만들어 본 경험, 좋아하는 옷에 대해 회상하며 관심과 기억력이 향상된다. • 인형을 통해 대상자의 표현능력과 표현의욕을 자극하여 긍정적 감정을 형성하고 언어표현능력이 향상된다.					
주요 활동 영역 ●: 주요 효과 ◎: 추가 효과	주의집중력	언어력	시공간지각 구성	기억력	지남력	문제해결능력
		●		●		◎
준비물	여러 가지 인형(큰 인형, 작은 인형 등 크기 다양), 옷 만들 레이스와 헝겊, 바늘, 실, 벨크로 테이프(찍찍이), 장신구(핀, 목걸이, 팔찌 등)					
활동인원	제한 없음					

활동방법	① 준비 단계 • 여러 가지 인형을 준비한다. • 어느 인형에나 맞는 옷을 만든다(레이스, 헝겊 이용). • 완성된 옷은 벨크로 테이프(찍찍이)를 붙여서 입히고 벗길 수 있도록 한다. • 목걸이, 팔찌, 왕관 등 장신구를 준비한다. ② 활동 단계 • 자신이 좋아하는 인형, 옷, 장신구를 고른다. • 인형에 옷을 입히고, 장신구를 부착한다. • 완성된 인형을 가지고 여러 가지 이야기를 나누어본다. "이 옷을 입고 어디에 가고 싶으세요?" "내가 구입한 옷 중에 어디에서 구입한 옷이 가장 기억에 남아요?" "지금가지고 있는 옷 중에 가장 좋아하는 옷은 어떤 옷이에요?" "옛날에 옷을 만들어 본 적이 있나요?" • 장소나 목적, 계절에 맞는 옷의 종류에 대해 이야기한다. 예) 비올 때, 추울 때, 잠잘 때, 더울 때, 명절, 물놀이 할 때 등
좀 더 나아가기	• 언어능력 강화: 옷의 색깔, 옷의 이름, 옷의 용도, 장소에 따른 옷의 선택 방법, 옷을 구입할 때 추억을 떠올리며 이야기를 나누는 것도 좋은 방법이다. • 회상요법 강화: 인형에게 입힌 옷을 보면서 이전에 자녀들에게 입혔던 옷들과 비슷한 것이 있는지 말해보고, 과거에 본인이 자녀들에게 사주었던 옷 중에 가장 기억에 남는 옷이 있는지 회상하도록 유도한다.

2 인형 돌보기 놀이

활동목표	• 인형 돌보기 놀이를 통해 문제에 따른 해결능력이 향상된다. • 과거 아이를 돌보았던 좋은 기억을 회상하며 긍정적인 성취감을 갖는다. • 익숙한 경험을 놀이로 재구성함으로써 과거 경험을 자극하여 언어능력이 향상된다.					
주요 활동 영역 ●: 주요 효과 ◎: 추가 효과	주의집중력	언어력	시공간지각 구성	기억력	지남력	문제해결능력
		●		◎		●

준비물	PVC 재질로 된 큰 인형, 유모차, 포대기, 젖병, 목욕통, 수건, 숟가락, 그릇, 이불, 베개, 기저귀
활동인원	제한 없음
활동방법	① 준비 단계 • 진행자는 "아이가 울면 어떻게 할까요?"라고 질문을 한다. ② 활동 단계 • 여러 참여자 중 먼저 이야기한 사람에게 활동을 하도록 기회를 준다. 예) "우유를 먹여요." "업어줘요." "유모차를 태워요." "안아줘요." "이유식을 줘요." "목욕시켜요." "기저귀 갈아줘요." "잠을 재워요."라고 대답하는 것에 따라 활동을 하게 한다. • 진행자는 활동이 완료된 후 참여자들이 어떤 활동을 했는지 질문한다. • 참여자는 "나는 아기에게 우유를 먹였어요." "나는 비누칠해서 목욕시켜주었어요." 등 문장으로 말한다.
좀 더 나아가기	• 언어능력 강화: 인형에게 말을 걸어보며 '옛날이야기'를 해주도록 한다. 인형에게 노래를 불러 줄 수도 있다. 아기를 키우던 추억을 떠올리며, 무엇이 어려웠는지, 무엇이 즐거웠는지 이야기를 나누는 것도 좋은 방법이다. • 회상요법 강화: 모유가 모자랐을 때 어떤 방법으로 먹였는지 이야기해 보도록 하고, 아이가 아팠을 때 경험에 대해 떠올리고 이야기 나누어 본다. 자녀가 아이였을 때 어떤 말을 제일 먼저 시작했는지, 자녀가 본인에게 어떤 말을 해주었을 때 가장 기뻤는지 떠올려 본다.

3 사물카드 언어 놀이

<table>
<tr><td>활동목표</td><td colspan="6">• 사물카드의 의미를 이해하여 지각능력이 향상된다.
• 사물카드 설명으로 어휘력 및 언어표현능력이 향상된다.
• 사물카드를 분류하고, 상황에 적절한 이야기를 통해 문제해결능력이 증진된다.</td></tr>
<tr><td rowspan="2">주요 활동 영역
●: 주요 효과
◎: 추가 효과</td><td>주의집중력</td><td>언어력</td><td>시공간지각 구성</td><td>기억력</td><td>지남력</td><td>문제해결능력</td></tr>
<tr><td></td><td>●</td><td></td><td>◎</td><td></td><td>●</td></tr>
<tr><td>준비물</td><td colspan="6">직접 만든 사물카드 혹은 구입한 사물카드
(음식, 타는 것, 동물, 과일, 가재도구, 곤충, 일상사물 등)</td></tr>
<tr><td>활동인원</td><td colspan="6">제한 없음</td></tr>
</table>

활동방법	① 준비 단계 • 음식, 타는 것, 동물, 과일, 가제도구, 곤충, 일상사물 등의 사물카드를 참여자에게 1개씩 나누어 준다. ② 활동 단계 • 진행자는 "과일을 가진 어르신은 카드를 드세요."라고 이야기한다. • 카드를 든 참여자에게 "이 과일 이름은 뭐에요?" "어떻게 먹어요." "맛은 어떤 맛이에요?" "누구한테 주고 싶어요?" • 참여자는 자신의 사물카드를 보고 진행자의 질문에 따라 문장으로 대답한다. –탈것, 동물, 가재도구 등의 카드를 가진 사람에 대해서도 같은 방법으로 진행한다.
좀 더 나아가기	• 언어능력 강화: 사물카드를 가지고 있는 사람이 상대방이 보이지 않도록 하여, 사물카드의 사물을 설명하면, 상대방이 사물의 이름을 알아맞힌다. 활동 진행자가 "동물 카드를 가진 사람 손들어 보세요. 탈것 카드를 가진 사람 손들어 보세요. 가재도구를 가진 사람 손들어 보세요." 등으로 사물 특성을 분류할 수 있도록 한다. • 인지능력 강화: 사물 카드의 특성을 달리하여 빨간색 사물, 노란색 사물 등으로 색깔별로 분류해 본다. 둥근 모양이 포함된 것, 네모난 것이 포함된 것으로 분류한다. 소리가 나는 것과 소리가 나지 않는 것, 먹을 수 있는 것과 먹을 수 없는 것, 딱딱한 것과 부드러운 것 등으로 구분해 본다.

4 끝말잇기하며 문장 만들기

활동목표	• 끝말잇기를 위해 다른 사람의 소리를 듣고 이해함으로써 주의집중력이 향상된다. • 끝말잇기를 위해 단어를 기억해 냄으로써 기억력이 증진된다. • 끝말을 이용한 언어 자극으로 언어표현력이 향상된다.					
주요 활동 영역 ●: 주요 효과 ◎: 추가 효과	주의집중력	언어력	시공간지각 구성	기억력	지남력	문제해결능력
	●	●		◎		
준비물	확성기					
활동인원	5~6명(소그룹)					

활동방법	① 준비 단계 • 진행자는 단어 끝말잇기를 설명한 후 확성기에 대고 단어를 먼저 이야기한다. ② 활동 단계 • 참여자는 순서를 정해서 확성기에 대고 끝말잇기를 이어간다. 예) 사과–과자–자동차–차도 등등 • 단어 끝말잇기가 끝난 후 단어와 연결하여 문장을 만들어 이야기한다. – 진행자가 "사과를 먹었습니다."라고 말한 후, 첫 번째 참여자에게 사과의 과로 시작하는 단어를 사용하여 문장을 만들어서 말하게 한다. 그 후 동일한 방법으로 참여자들에게 끝말잇기를 이용한 문장 만들기를 하게 한다. – 첫 번째 참여자는 "과자를 먹었습니다."(과로 시작하는 단어인 과자로 문장 만들기) – 두 번째 참여자는 "자동차를 타고 아들 집에 가고 싶습니다."(자로 시작하는 단어인 자동차로 문장 만들기) – 세 번째 참여자는 "차표를 사서 고향에 가고 싶습니다."(차로 시작하는 단어인 차표로 문장 만들기) – 네 번째 참여자는 "표고버섯은 귀합니다."(표로 시작하는 단어인 표고버섯으로 문장 만들기) • 끝말잇기에서 나온 단어가 무엇이 있었는지 이야기한다.
좀 더 나아가기	• 언어능력 강화: 진행자는 거북이의 카드를 들고, 거북이처럼 /ㄱ/ 소리가 나는 단어를 가진 사람은 카드를 들어, 카드의 이름이 무엇인지 말해보도록 한다. 예를 들어, 구두, 가방 등의 그림 카드를 든 사람이 대답할 수 있다. 한 사람이 2개의 카드를 가지고 문장을 만들어 보도록 한다. 또한 자전거와 거북이 카드를 들고, "자전거는 거북이 보다 빠르다."로 이야기할 수 있다. • 회상요법 강화: 카드를 들고 그것에 관련된 옛날의 경험을 이야기해 보도록 한다. 키우던 거북이를 방생한 것에 대해 이야기해 볼 수 있다.

5 소망을 들어주는 집

활동목표	• 소망상자를 만들며 시간을 인지한다. • 소망을 쓰고, 말하며 긍정적 감정으로 언어표현능력이 향상된다. • 소망을 이야기하고, 들으며 집중력을 향상시키고, 서로 격려한다.					
주요 활동 영역 ●: 주요 효과 ◎: 추가 효과	주의집중력	언어력	시공간지각 구성	기억력	지남력	문제해결능력
	●	●			◎	
준비물	소망 상자, 소망 상자 장식할 반짝이, 천 조각, 액세서리, 풀, 가위, 소망을 쓸 한지 및 색종이, 볼펜					
활동인원	제한 없음					

활동방법	① 준비 단계 • 크리스마스를 맞이하여 종이 상자로 소망의 집을 만든다. – 집은 좋아하는 반짝이, 천 조각, 액세서리 등을 이용하여 꾸민다. ② 활동 단계 • 진행자는 "자신이 가장 이루고 싶은 소원은 무엇입니까?"라고 질문한다. – 참여자는 순서대로 돌아가면서 소원을 이야기한다. – 참여자는 소망 종이인 한지, 색종이를 선택한다. – 참여자 가운데 글을 쓸 수 있는 경우라면 자신의 소원을 쓰게 한다. – 참여자 가운데 글을 쓸 수 없는 경우라면 진행자가 참여자에게 다시 말하게 하고 소망 종이에 받아쓴다. – 소망을 쓴 한지, 색종이는 접어서 상자 안에 넣는다. • 다른 참여자들과 함께 "왜 이것을 소망하는지"에 대해 자세히 이야기한다.
좀 더 나아가기	• 언어능력 강화: 젊었을 때와 지금 소망이 어떻게 달라졌는지 이야기해 본다. 다른 소망을 듣고 그것을 어떻게 이룰 수 있는지에 대해서 이야기 나누어 본다. • 회상요법 강화: 그동안 살면서 소망이 이루어졌던 경험을 이야기해 본다.

6 왕과 왕비 되기

활동목표	• 왕관을 쓰고 왕과 왕비가 되는 놀이를 함으로 자존감이 향상된다. • 왕 역할을 하는 사람이 다른 사람들에게 지시하는 말을 문장으로 나타냄으로써 언어표현능력이 향상된다. • 지시하거나 지시받는 것을 통해 상황에 적절한 문제해결능력을 갖는다.					
주요 활동 영역 ●: 주요 효과 ◎: 추가 효과	주의집중력	언어력	시공간지각 구성	기억력	지남력	문제해결능력
	◎	●				●
준비물	왕관(하드보드지로 만들거나 시중에 판매하는 왕관)					
활동인원	3~6명					

활동방법	① 준비 단계 • 만들어진 왕관을 가지고 진행자는 왕관을 쓰고 왕과 왕비 놀이를 하는 방법을 설명한다. ② 활동 단계 • 왕관을 쓴 사람의 명령을 받은 사람은 그 지시를 그대로 따라서 말한다. 예) 왕관을 쓴 사람 "영희 할머니 노래 한 가락 해보세요." – 영희 할머니 "영희 할머니 노래 한 가락 해보세요." 하며 반복하며, 노래를 한다. (엉덩이로 이름 쓰세요. 돼지 코를 만들어 보세요. 오른쪽 귀를 잡아 당겨 보세요. 왼발을 올리세요. 오른손으로 왼쪽 어깨를 툭툭 치세요.) –지시를 받은 참여자는 지시를 이행한 후 왕관을 물려받는다. –왕관을 쓴 후 자신이 이루고자 하는 것을 지시한다. –그러면 지시를 받은 참여자는 동일하게 지시를 따라하고 수행한다. –이를 반복하여 돌아가며 왕관을 쓰고 왕 놀이를 한다. • 진행자는 "왕이 되어 보니 어때요?" 신하가 되었을 때 "기분은 어땠어요?" 라고 질문하며 참여자들은 이야기한다.
좀 더 나아가기	• 언어능력 강화: 왕과 왕비가 서로 부부가 되어 이야기를 나누어 본다. 왕 혹은 왕비가 되었을 때 하고 싶은 일에 대해 이야기해 본다. 다른 사람들은 왕 혹은 왕비에게 바라는 것을 차례대로 이야기해 본다. • 회상요법 강화: 왕 혹은 대통령 중에 가장 존경하는 분이 누구인지 이야기해 본다. 그 대통령 시절에 가족에게 어떤 일이 일어났는지, 우리나라에 어떤 일이 일어났는지 이야기해 본다.

7 화선지 부채에 자기 표현하기

<table>
<tr><td>활동목표</td><td colspan="6">• 부채에 붓으로 그림을 그림으로써 소근육 운동을 활발히 한다.
• 흰 화선지 부채에 붓을 이용하여 자신이 그리고 싶은 선, 형태를 스스로 표현한다.
• 완성된 부채 그림을 이야기하여 자신에 대한 언어표현능력이 향상된다.</td></tr>
<tr><td rowspan="2">주요 활동 영역
●: 주요 효과
◎: 추가 효과</td><td>주의집중력</td><td>언어력</td><td>시공간지각 구성</td><td>기억력</td><td>지남력</td><td>문제해결능력</td></tr>
<tr><td>◎</td><td>●</td><td>●</td><td></td><td></td><td></td></tr>
<tr><td>준비물</td><td colspan="6">흰 화선지 부채, 먹, 붓, 물통</td></tr>
<tr><td>활동인원</td><td colspan="6">3~6명</td></tr>
<tr><td>활동방법</td><td colspan="6">① 준비 단계
• 흰 화선지 부채, 먹, 붓, 물통 등 준비물을 준비하고, 방법을 설명한다.
② 활동 단계
• 무늬가 없는 흰 화선지 부채에 붓을 이용하여 그림을 그린다.
• 혹은 단어를 쓴다.
• 혹은 이름을 쓴다.
• 참여자 중 완성된 부채를 가지고 다른 참여자에게 보여주면, 그 부채의 그림이나, 글씨에 대해 추측해서 이야기해 보게 한다.
• 부채를 그린 참여자는 자기 것에 대한 표현을 발표한다.</td></tr>
<tr><td>좀 더 나아가기</td><td colspan="6">• 언어능력 강화: 붓으로 그릴 때의 느낌을 이야기해 본다. 예로 먹물이 퍼져 나갈 때의 느낌, 부채가 그림으로 채워질 때의 기분 등에 대해 이야기한다. 또한 부채에 쓴 자신의 이름을 보면서, 이름의 뜻은 무엇인지, 누가 이름을 지어주었는지 이야기하게 한다. 예로 이름이 조말녀 어르신은 "자신의 이름을 아버지가 지었으며, 위로 딸만 5명이였기 때문에, 아들을 바라는 마음으로 말녀라고 지었다"고 말씀하셨다.
• 회상요법 강화: 진행자는 과거에 무더울 때 어떤 방법으로 더위를 피했는지 회상할 수 있도록 한다. 예로 큰 나뭇잎을 가지고 부채 대신 썼다. 혹은 큰 나무 그늘에 가서 더위를 피했다.</td></tr>
</table>

Part 2

인지활동 영역

8 젓가락 쌓기

<table>
<tr><td>활동목표</td><td colspan="6">• 나무젓가락을 물감으로 색칠하면서 색깔을 인식할 수 있다.
• 나무젓가락을 쌓는 활동을 통해 손의 근육조직을 활발히 한다.
• 나무젓가락을 높이 쌓아 성취감을 충족시킨다.</td></tr>
<tr><td rowspan="2">주요 활동 영역
●: 주요 효과
◎: 추가 효과</td><td>주의집중력</td><td>언어력</td><td>시공간지각구성</td><td>기억력</td><td>지남력</td><td>문제해결능력</td></tr>
<tr><td>◎</td><td></td><td>●</td><td></td><td></td><td>●</td></tr>
<tr><td>준비물</td><td colspan="6">나무젓가락, 물감, 붓, 물통</td></tr>
<tr><td>활동인원</td><td colspan="6">2~4명</td></tr>
<tr><td>활동방법</td><td colspan="6">① 준비 단계
• 진행자는 5~6명으로 조를 나눈다.
• 조별로 나무젓가락에 색깔을 칠하기 위한 준비를 한다.
– 조별로 의견을 모아 물감의 색깔을 정한다.
– 나무젓가락, 물감, 붓, 물통은 나누어 준다.
② 활동 단계
• 조별로 정해 색깔의 물감으로 나무젓가락을 칠한다.
예) 노란색 팀, 빨간색 팀, 파란색 팀 등
• 조별로 완성된 나무젓가락을 잘 말린다.
• 조별로 나무젓가락에 색깔을 다 칠한 후 젓가락 쌓기 준비를 한다.
– 색깔이 칠해진 나무젓가락을 골고루 섞어 참여자들에게 동일한 개수를 나누어 준다.
– 참여자 자신이 가지고 있는 다양한 색깔의 나무젓가락을 이용하여 쌓기를 한다.
– 참여자들끼리 자신의 나무젓가락을 높이 쌓아 가지고 있는 젓가락을 다 쓴 사람이 이기는 게임을 해본다.</td></tr>
<tr><td>좀 더
나아가기</td><td colspan="6">• 언어능력 강화: 색깔의 이름을 알고, 색깔에 해당하는 사물의 이름을 말해 본다. 예로 빨간색을 칠하는 경우, 빨간 사과, 빨간 내의, 파란색일 경우 파란 바다, 파란 하늘, 노란색일 경우 노란 손수건, 노란 병아리 등으로 이야기한다.
• 인지기능 강화: 젓가락의 사용방법, 젓가락으로 할 수 있는 일에 대해 이야기해 본다. 예로 젓가락으로 밥이나 반찬 집기, 요리할 때 튀김 요리하기, 국수 먹기, 송충이 잡기 등이 있다.
• 회상요법 강화: 젓가락이 없었을 때 어떻게 했는지에 대한 경험을 회상해 본다. 예로 밭에서 일하다가 새참을 먹으려고 하는데, '젓가락이 없어 나뭇가지를 꺾어 대신 사용하였다.' 등이 있다.</td></tr>
</table>

9 물고기 잡기

활동목표	• 낚싯대를 가지고 여러 가지 모양의 물고기를 잡음으로 시공간지각구성능력이 향상된다. • 낚싯대로 물고기를 잡기 위해 소근육이 발달되며 눈과 손의 협응능력이 증가된다. • 물고기 색깔과 특징에 따른 물고기 잡기를 통해 모양과 색깔에 대한 변별력이 향상된다.					
주요 활동 영역 ●: 주요 효과 ◎: 추가 효과	주의집중력	언어력	시공간지각 구성	기억력	지남력	문제해결능력
	●		●			◎
준비물	자석 물고기, 큰 대야, 물, 자석 낚싯대, 바구니					
활동인원	2~4명					

활동방법	① 준비 단계 • 참여자들끼리 낚시하는 순서를 정한다. –큰 대야에 물을 받아, 물고기 장난감을 띄운다. ② 활동 단계 • 순서에 따라 낚싯대를 받아, 고기를 잡는다. • 바구니에 담겨진 잡은 물고기의 개수를 참여자 스스로 큰 목소리로 센다. • 가장 많이 잡은 사람은 사탕이나 비타민제를 받는다. • 진행자는 물고기 색깔 및 특징을 이야기하고, 참여자는 그 특징에 해당하는 물고기만 잡도록 한다. –진행자는 물고기 숫자를 이야기하고 참여자는 그 숫자만큼만 물고기를 잡는다.
좀 더 나아가기	• 언어능력 강화: 플라스틱 물고기에 단어를 붙여 바닥에 놓고, 물고기 잡기를 할 수 있다. 이때 잡은 물고기에 붙어 있는 단어를 이용하여 문장을 만들어 말하게 한다. 잡은 물고기로 할 수 있는 요리에 대해 이야기해 보도록 한다. 물고기 종류에 대해 말하게 한다. • 회상요법 강화: 과거에 물고기를 잡았던 장소, 잡은 물고기 종류, 잡은 물고기를 어떻게 했는지에 대해 이야기하게 한다.

10 공작새 날개 달기

활동목표	• 융판에 공작새 날개를 붙이는 활동을 함으로써 손의 근육조직을 활발히 한다. • 가위바위보로 이긴 사람이 깃털을 붙임으로써 긍정적 성취욕을 충족한다. • 융판의 공작새 몸통에 날개를 붙여 완성함으로 공작새에 대한 모양을 인식한다.					
주요 활동 영역 ●: 주요 효과 ◎: 추가 효과	주의집중력	언어력	시공간지각 구성	기억력	지남력	문제해결능력
	◎		●			●
준비물	깃털, 융판, 공작 도안, 양면테이프					
활동인원	제한 없음					

활동방법	① 준비 단계 • 공작 도안이 있는 융판을 참여자 수만큼 준비한다. • 참여자들은 각각 공작 깃털을 똑같은 개수만큼 가진다. ② 활동 단계 • 2인 1조로 공작새 날개 붙이기 게임을 시작한다. • 두 사람은 가위바위보를 해서 이긴 사람이 자신의 공작 도안이 있는 융판에 깃털을 붙인다. • 공작새의 깃털을 상대방보다 먼저 붙이는 사람이 이기는 게임이다.
좀 더 나아가기	• 언어능력 강화: 알고 있는 새의 종류에 대해 이야기해 보고, 자신이 좋아하는 새가 무엇인지, 어떤 모양인지, 어떤 소리를 내는지에 대해서도 이야기해 보도록 한다. • 회상요법 강화: 과거에 공작새를 본 경험이 있는지, 보았다면 어디서 보았는지, 그곳은 언제, 누구랑, 어떻게 해서 가게 되었는지 떠올리며 이야기해 본다. • 신체기능 강화: 내가 공작새라면 어떤 모습으로 서있을지 몸으로 표현해 본다.

11 팔찌 만들기

<table>
<tr><td>활동목표</td><td colspan="6">• 줄에 구슬을 끼어 팔찌를 만들어 봄으로써 시공간지각구성능력이 향상된다.
• 줄에 구슬을 끼우는 활동을 통해 눈과 촉각의 협응능력이 증진된다.
• 각자가 만든 팔찌를 소개하며 대인관계에서 자기 표현력이 향상된다.</td></tr>
<tr><td rowspan="2">주요 활동 영역
●: 주요 효과
◎: 추가 효과</td><td>주의집중력</td><td>언어력</td><td>시공간지각
구성</td><td>기억력</td><td>지남력</td><td>문제해결능력</td></tr>
<tr><td></td><td>◎</td><td>●</td><td></td><td></td><td>●</td></tr>
<tr><td>준비물</td><td colspan="6">팔찌 만드는 구슬, 줄</td></tr>
<tr><td>활동인원</td><td colspan="6">제한 없음</td></tr>
<tr><td>활동방법</td><td colspan="6">① 준비 단계
• 팔찌를 만들 준비를 한다.
–참여자들에게 팔찌 줄을 나누어 준다.
–참여자들은 팔찌 만드는 구슬을 스스로 선택한다.
② 활동 단계
• 자신이 선택한 구슬을 줄에 끼운다.
• 팔찌가 완성되면 다음과 같이 이야기한다.
–완성된 팔찌는 자신의 팔에 차고, 상대방과 팔찌에 대해 이야기를 나눈다.
"내 팔찌 어울려요?"<br>"이 팔찌는 어떤 옷과 어울릴 까요?"</td></tr>
<tr><td>좀 더
나아가기</td><td colspan="6">• 인지기능 강화: 구슬에 모양, 색깔, 크기를 다양하게 구성하여 팔찌를 만들 수 있다. 이때 배열규칙을 이용하여, 색깔의 경우 빨간색 2개, 파란색 1개 규칙을 가지고 반복하여 만든다. 혹은 모양의 경우 큰 동그라미 1개, 작은 동그라미 3개 규칙을 가지고 반복하여 만든다.
• 회상요법 강화: 자신이 가지고 있는 반지, 팔찌, 목걸이 등의 장신구에 대해 떠올려 보고, 관련된 이야기를 해본다. 자신이 가지고 있는 장신구를 다른 사람에게 준다면 '누구에게, 왜' 주려고 하는지 이야기해 본다.</td></tr>
</table>

12 토끼에게 당근 주기

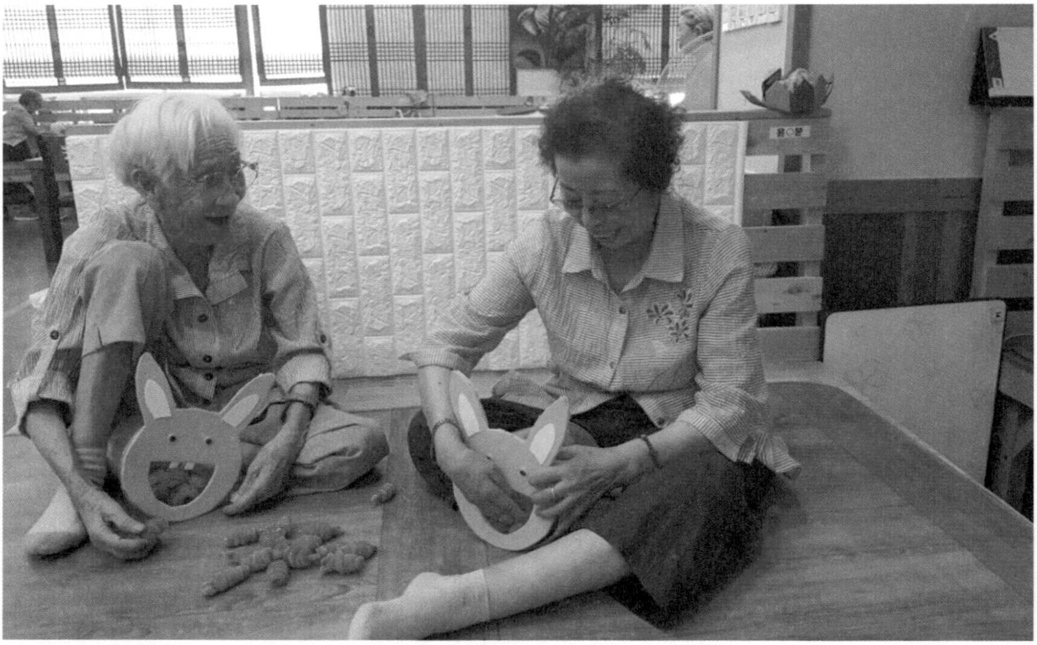

활동목표	• 토끼와 당근을 만드는 활동을 통해 색깔을 인지하고 분별할 수 있다. • 나무 빨래집게에 주황색 당근과 초록색 잎을 만듦으로 눈과 손의 협응능력이 향상된다. • 토끼 입에 당근을 넣음으로 시공간지각구성능력이 증진된다.					
주요 활동 영역 ●: 주요 효과 ◎: 추가 효과	주의집중력	언어력	시공간지각구성	기억력	지남력	문제해결능력
	◎		●			●
준비물	플라스틱 통, 우드락, 부직포, 나무 빨래집게, 굵은 줄 털철사(주황색, 초록색)					
활동인원	제한 없음					

활동방법	① 준비 단계 • 우드락과 부직포를 이용하여 토끼 모양을 만든다. • 만들어진 토끼는 통 입구에 붙인다. • 통의 열려진 부분을 토끼 입으로 구성한다. • 당근은 나무 빨래집게에 굵은 줄 모루를 감아 만든다. 굵은 줄 모루는 주황색과 당근 잎에 해당하는 초록색을 이용한다. ② 활동 단계 • 2인 1조의 게임으로, 정해진 시간에 토끼 입속에 당근을 많이 넣는 사람이 이긴다. • 똑같은 개수의 당근을 나누어 가지고, 가위바위보를 한 후 이긴 사람이 토끼 입속에 당근을 하나씩 넣을 수 있다. • 가지고 있는 당근을 다 쓰면 이기는 게임이다.
좀 더 나아가기	• 언어능력 강화: '토끼'하면 연상되는 단어를 이야기해 본다. 예로 토끼털 귀마개, 토끼털 목도리, 호랑이, 거북이 등이 있고, 다음으로 토끼가 들어간 이야기를 해 본다. 예로 토끼와 거북이, 별주부전, 이솝우화 등이 있다. 마지막으로 토끼가 좋아하는 먹이에 대해 이야기해 본다. 예로 당근, 토끼풀 등이 있다. • 회상요법 강화: 토끼를 잡아본 경험이 있는지, 어디서 어떻게 잡았는지에 대해 이야기해 본다.

13 노끈 바구니 만들기

<table>
<tr><td>활동목표</td><td colspan="6">• 종이컵에 노끈을 끼우는 활동을 통해 눈과 손의 협응능력이 향상된다.
• 끼우는 손동작을 통해 소근육 기능이 증진된다.
• 종이컵에 노끈을 모두 끼운 후 바구니를 만들어 무엇을 담을지 생각함으로써 문제해결능력이 향상된다.</td></tr>
<tr><td rowspan="2">주요 활동 영역
●: 주요 효과
◎: 추가 효과</td><td>주의집중력</td><td>언어력</td><td>시공간지각 구성</td><td>기억력</td><td>지남력</td><td>문제해결능력</td></tr>
<tr><td>◎</td><td></td><td>●</td><td></td><td></td><td>●</td></tr>
<tr><td>준비물</td><td colspan="6">다양한 색깔 노끈, 종이컵, 가위</td></tr>
<tr><td>활동인원</td><td colspan="6">제한 없음</td></tr>
<tr><td>활동방법</td><td colspan="6">① 준비 단계
• 종이컵을 세로로 9등분하여 바닥부분만 남겨 놓고 가위집을 넣는다.
–자신이 좋아하는 색깔의 노끈을 선택하여 지그재그로 엮는다.
② 활동 단계
• 완성된 바구니에 '무엇을 담을지 한사람씩 이야기해 본다.'</td></tr>
<tr><td>좀 더 나아가기</td><td colspan="6">• 언어능력 강화: 바구니에 넣을 수 있는 물건에 대해 이야기해 본다. 만든 바구니에 무엇을 담을지, 어디에 놓을지 이야기하도록 한다. 예로 샴푸를 담아 목욕탕에 둔다. 털실과 대바늘을 담아 뜨개질 바구니 등으로 쓴다.
• 회상요법 강화: 만든 바구니를 옆에 끼고, '봄처녀' 노래를 함께 부른다. 과거에 바구니를 가지고 봄나물을 뜯으러 갔던 경험에 대해 이야기해 본다.</td></tr>
</table>

14 클레이 고추 만들기

<table>
<tr><td>활동목표</td><td colspan="6">• 클레이를 이용한 고추 만들기는 색깔, 모양, 질감을 통해 오감 자극을 촉진한다.
• 클레이를 이용한 고추 모양 만들기로 눈과 손의 협응능력이 향상된다.
• 고추의 특성 및 고추에 대한 기억을 회상함으로써 상황에 적절한 해결능력이 증진된다.</td></tr>
<tr><td rowspan="2">주요 활동 영역
●: 주요 효과
◎: 추가 효과</td><td>주의집중력</td><td>언어력</td><td>시공간지각
구성</td><td>기억력</td><td>지남력</td><td>문제해결능력</td></tr>
<tr><td></td><td></td><td>◎</td><td>●</td><td></td><td>●</td></tr>
<tr><td>준비물</td><td colspan="6">색깔별 클레이</td></tr>
<tr><td>활동인원</td><td colspan="6">제한 없음</td></tr>
<tr><td>활동방법</td><td colspan="6">① 준비 단계
• 고추 종류와 고추로 만들 수 있는 요리의 이름을 대본다.
② 활동 단계
• 고추의 색과 모양을 선택해서 참여자가 스스로 만들어 본다.
• 완성된 고추를 보면서 고추를 보면 어떤 생각이 나는지 이야기 한다.
예) “아들을 낳았을 때 대문 앞에 고추를 걸었어요.”
“매운 고추를 먹어, 눈물이 쏙 빠졌어요.”
• 고추의 특징별로 분류한다.
예) 색깔에 따라 빨간 고추와 풋고추, 꽈리고추, 오이고추 등</td></tr>
<tr><td>좀 더
나아가기</td><td colspan="6">• 언어능력 강화: 고춧가루를 넣어 만들 수 있는 음식 종류를 대고, 만드는 방법, 먹는 방법에 대해 이야기해 본다. 또한 ‘고추’라는 단어가 들어간 속담과 의미에 대해 이야기해 본다. (예: 작은 고추가 맵다.)
• 회상요법 강화: 고추를 키워본 경험이 있는지 이야기해 본다. 예로 어떻게 하면 고추가 잘 자랄 수 있는지, 벌레는 어떻게 퇴치하는지, 고추를 판매한 돈으로 무엇을 샀는지 등이 있다.</td></tr>
</table>

15 화투퍼즐

<table>
<tr><td>활동목표</td><td colspan="6">• 화투 그림에 대한 기억으로 퍼즐을 맞춤으로써 기억력이 향상된다.
• 화투퍼즐을 모양과 크기에 맞게 맞추는 활동을 통해 시공간지각구성능력이 증진된다.
• 화투에 대한 과거 경험을 회상하고 이야기함으로써 자존감을 높인다.</td></tr>
<tr><td rowspan="2">주요 활동 영역
●: 주요 효과
◎: 추가 효과</td><td>주의집중력</td><td>언어력</td><td>시공간지각 구성</td><td>기억력</td><td>지남력</td><td>문제해결능력</td></tr>
<tr><td></td><td></td><td>●</td><td>●</td><td></td><td>◎</td></tr>
<tr><td>준비물</td><td colspan="6">화투 그림판, 색연필, 크레파스</td></tr>
<tr><td>활동인원</td><td colspan="6">제한 없음</td></tr>
<tr><td>활동방법</td><td colspan="6">① 준비 단계
• 화투 그림판과 색연필, 크레파스 등 색칠할 수 있는 준비물을 준비한다.
• 화투퍼즐 만들기를 설명한다.
② 활동 단계
• 화투 그림판에 화투 모양에 따라 색칠한다.
• 참여자는 개인별로 화투퍼즐을 완성한다.
• 완성된 퍼즐을 보고 그림을 이야기한다.</td></tr>
<tr><td>좀 더 나아가기</td><td colspan="6">• 인지기능 강화: 완성된 화투퍼즐을 가지고 팀을 나누어, 합계를 산출한다. 화투 패 중 홍단 혹은 청단, 띠, 광을 가진 사람의 경우 화투 패를 앞으로 내밀도록 한다. 또, 화투놀이 종류에는 무엇이 있는지 이야기한다. 예로 고도리, 민화투 등이 있다.
• 회상요법 강화: 과거에 화투놀이 경험에 대해 이야기하고, 화투놀이의 내기 방법에 대해 기억하여 이야기하게 한다. 화투놀이를 통해 좋았던 기억, 혹은 나쁜 기억에 대해 회상해 본다.</td></tr>
</table>

16 면봉 찍기 놀이

<table>
<tr><td>활동목표</td><td colspan="6">• 아크릴 판에 물감을 짜 넣는 활동을 통해 손과 눈의 협응능력이 향상된다.
• 아크릴 판에 물감 색깔을 선택하여 면봉으로 찍어 색을 채워 넣음으로 시공간지각구성능력이 증진된다.
• 완성된 글라스데코를 설명함으로 사회적 상호작용이 증진된다.</td></tr>
<tr><td rowspan="2">주요 활동 영역
●: 주요 효과
◎: 추가 효과</td><td>주의집중력</td><td>언어력</td><td>시공간지각 구성</td><td>기억력</td><td>지남력</td><td>문제해결능력</td></tr>
<tr><td>◎</td><td></td><td>●</td><td></td><td></td><td>●</td></tr>
<tr><td>준비물</td><td colspan="6">글라스데코 물감, 아크릴 판</td></tr>
<tr><td>활동인원</td><td colspan="6">제한 없음</td></tr>
<tr><td>활동방법</td><td colspan="6">① 준비 단계
• 글라스데코 물감과 아크릴 판을 준비한다.
• 참여자가 좋아하는 글라스데코 물감과 아크릴 판을 선택한다.
② 활동 단계
• 아크릴 판에 글라스데코 물감을 짜서 그림을 완성한다.
• 그려진 것에 대해서 설명한다.</td></tr>
<tr><td>좀 더 나아가기</td><td colspan="6">• 언어능력 강화: 완성된 모양에 대해서 이야기한다. 상대방이 만든 모양에 대해 어떤 느낌이 드는지 표현하게 한다.
• 수 개념 강화: 완성된 모양 중에 몇 가지 색깔이 들어 있는지 세어 보도록 한다.
• 신체감각 강화: 면봉으로 물감을 찍으며 노래 리듬에 맞추어 그림을 완성해 나간다.</td></tr>
</table>

Part 3

신체활동 영역

17. 게이트볼
18. 스타킹 망 채 공놀이
19. 공 전달하기
20. 공 던지기
21. 풍선에 그림 그리기
22. 투호놀이
23. 실 감기
24. 쉐이커 연주(망고 모양, 옥수수 모양)
25. 선 긋기(스크래치하여 표현하기)

17 게이트볼

활동목표	• 게이트볼을 골대에 넣는 활동을 함으로써 대근육 및 신체조절능력이 향상된다. • 게이트볼을 골대에 넣기 위해 거리를 인식하고 힘을 조절함으로 시공간지각 구성능력이 증진된다. • 팀을 나누어 게이트볼 게임을 함으로써 적절한 사회적 기술을 습득한다.					
주요 활동 영역 ●: 주요 효과 ◎: 추가 효과	주의집중력	언어력	시공간지각 구성	기억력	지남력	문제해결능력
	◎		●			●
준비물	대형 뿅 망치, 지팡이, 접착 부직포, 지름 8~10cm 공, 골대(의자)					
활동인원	제한 없음					
활동방법	① 준비 단계 • 지팡이에 대형 뿅 망치를 연결하여 접착 부직포로 고정한다. • 게이트볼 골대를 나무에 지지대를 세워 만들거나, 의자의 다리를 이용한다. ② 활동 단계 • 두 팀으로 나누고 참여자들의 순서를 정한다. • 골대에 볼을 몇 개 넣었는지 세어 많이 넣은 팀이 이긴다. • 이긴 팀에게 시상을 한다.					
좀 더 나아가기	• 언어능력 강화: 게이트볼과 비슷한 놀이가 무엇이 있는지 이야기하게 한다. 예로 구슬치기, 땅 따먹기 등이 있으며, 게이트볼 게임 시 본인의 공이 골대에 들어갔을 때와 들어가지 않았을 때 기분을 표현하게 한다. • 회상요법 강화: 과거에 했던 놀이는 무엇인지 이야기하게 한다.					

18 스타킹 망 채 공놀이

<table>
<tr><td>활동목표</td><td colspan="6">• 풍선을 치는 움직임을 통해 눈과 손의 협응능력이 향상된다.
• 스타킹 망 채로 풍선을 치는 활동을 함으로써 손의 힘을 조절하게 하고 대근육 및 신체조절능력, 유연성을 증진시킨다.
• 풍선의 움직임을 통해 공간감각을 인식하고, 타인과 공간 활용을 공유함으로써 공간지각구성능력이 향상된다.</td></tr>
<tr><td rowspan="2">주요 활동 영역
●: 주요 효과
◎: 추가 효과</td><td>주의집중력</td><td>언어력</td><td>시공간지각
구성</td><td>기억력</td><td>지남력</td><td>문제해결능력</td></tr>
<tr><td>◎</td><td></td><td>●</td><td></td><td></td><td>●</td></tr>
<tr><td>준비물</td><td colspan="6">세탁소 옷걸이, 스타킹, 신문지, 테이프, 접착 부직포, 풍선</td></tr>
<tr><td>활동인원</td><td colspan="6">제한 없음</td></tr>
<tr><td>활동방법</td><td colspan="6">① 준비 단계
• 세탁소 옷걸이의 손잡이와 삼각형 밑면을 잡아당겨 길게 늘인다.
• 늘어진 옷걸이에 스타킹을 씌워 옷걸이 손잡이에 고정한다.
• 손잡이를 펴서 신문지로 감은 후 테이프로 고정시킨다. 고정되면, 접착 부직포로 부드러운 손잡이를 만들어 마감한다.
• 풍선을 5개 정도 불어 놓는다.
② 활동 단계
• 두 팀으로 나누고, 서로 마주보고 선다.
• 서있는 자리에서, 풍선이 본인 앞에 오면, 상대방 편으로 스타킹 망 채를 이용해서 보낸다.
• 풍선을 땅에 떨어뜨린 팀이 점수를 잃는다.
③ 마무리 단계
• 게임 시 15점을 먼저 내는 팀이 이기는 게임으로, 이긴 팀에게는 사탕 등 시상을 한다.</td></tr>
<tr><td>좀 더
나아가기</td><td colspan="6">• 신체감각 강화: 노래 리듬에 맞추어 스타킹 망 채로 풍선을 친다.
대근육 운동능력과 신체조절능력, 순발력까지 향상될 수 있다. 풍선은 일반 공보다 떨어지는 속도가 느려서 어르신들이 활동하기 좋다.
• 인지기능 강화: 마지막까지 남아 있는 풍선의 색깔을 이야기하게 한다.
• 음성조절 기능 강화: 팀 이름을 정하여 풍선을 칠 때 마다 팀명을 큰소리로 이야기한다.</td></tr>
</table>

19 공 전달하기

활동목표	• 공 전달을 통해 시공간지각구성능력이 향상된다. • 음악에 맞춘 공 전달 놀이를 함으로써 청각적 자극을 통한 주의집중력이 향상되고, 신체 균형 유지능력이 증진된다. • 옆 사람의 이름을 부르면서 정확히 공 전달을 함으로써 사람에 대한 지남력이 향상된다.					
주요 활동 영역 ●: 주요 효과 ◎: 추가 효과	주의집중력	언어력	시공간지각 구성	기억력	지남력	문제해결능력
			●		●	◎
준비물	한손으로 들 수 있는 크기의 공					
활동인원	제한 없음					

활동방법	① 준비 단계 • 참여자들은 둥근 대형 또는 일자 대형으로 앉는다. ② 활동 단계 • 음악에 맞추어 공을 전달한다(느린 음악에서 시작해서 점차 빠른 음악으로 속도를 높인다). • 공 전달은 자신의 오른손에서 왼손으로 옮긴 후, 상대방에게 전달한다. • 진행자는 어느 정도 공 전달이 진행되면, 반대 방향으로 공 전달을 전환한다. • "반대 방향"이라고 소리치면, 참여자 자신의 왼손에서 오른손으로 옮긴 후, 상대방에게 전달한다. • 공을 떨어뜨린 사람은 벌칙으로 노래하거나 엉덩이로 이름쓰기를 한다.
좀 더 나아가기	• 대인관계 및 사회적 의사소통능력 강화: 공 전달 시 옆 사람의 이름을 부르면서 전달한다. 진행자가 공을 받을 사람 이름을 큰소리 외치면, 공을 가지고 있는 사람은 부른 이름의 사람에게 공을 던진다. 공을 받은 사람은 자신을 소개하고, 자기가 좋아하는 것, 오늘 먹은 것 등에 대해서 이야기한다. • 신체조절능력 강화: 고무공은 어르신들이 자연스럽게 운동을 할 수 있게 도와주는 좋은 도구이므로 던지고 받는 동안 유연성이 향상된다.

20 공 던지기

<table>
<tr><td>활동목표</td><td colspan="6">• 바구니에 공 넣기로 시공간지각구성능력이 향상된다.
• 공 던지기 활동을 통해 대근육 및 신체 균형 유지능력이 증진된다.
• 바구니에 공 넣기로 장소에 대한 지남력이 향상된다.</td></tr>
<tr><td rowspan="2">주요 활동 영역
●: 주요 효과
◎: 추가 효과</td><td>주의집중력</td><td>언어력</td><td>시공간지각 구성</td><td>기억력</td><td>지남력</td><td>문제해결능력</td></tr>
<tr><td></td><td></td><td>●</td><td></td><td>●</td><td>◎</td></tr>
<tr><td>준비물</td><td colspan="6">바구니, 공 20개</td></tr>
<tr><td>활동인원</td><td colspan="6">제한 없음</td></tr>
<tr><td>활동방법</td><td colspan="6">① 준비 단계
• 두 팀으로 나누어, 의자에 앉는다.
• 각 팀은 이름을 정한다(예: 동물팀, 과일팀 등).
• 1인당 2개의 공을 나누어 준다.
• 바구니는 각 팀별로 가운데 놓는다.
② 활동 단계
• 동일 선상의 의자에 앉아, 두 팀의 참여자는 동시에 자기 팀 바구니에 공을 던져 넣는다.
• 큰 목소리로 바구니 안에 있는 공의 개수를 팀별로 헤아리게 한다.
• 바구니 안에 들어간 공의 개수만큼 팀의 분류 명칭에 해당하는 이름을 댄다.
예) 과일팀의 경우 7개를 넣었다면, 사과, 바나나, 복숭아, 자두, 메론, 오렌지, 딸기 등을 이야기한다.
• 게임의 승부가 결정되었다면, 팀의 명칭을 바꿔서 다시 게임을 시작한다.
예) 의류 팀, 채소 팀 등</td></tr>
<tr><td>좀 더 나아가기</td><td colspan="6">• 수 개념 강화: 던질 때마다 숫자를 큰 소리로 센다.
• 언어능력 강화: 공을 던지기 전 범주를 정해 놓고 범주에 해당하는 이름을 대도록 한다. 예로 동물 범주를 선정했다면, 공을 던지면서 호랑이라고 말한다.
음소 범주별 이름 대기를 시행할 수도 있다. 예로 /ㄱ/으로 정했다면, 공을 던지는 사람은 '가방', '고구마' 등으로 말할 수 있다. 이를 통해 생성이름 대기능력이 향상될 것이다.</td></tr>
</table>

21 풍선에 그림 그리기

<table>
<tr><td>활동목표</td><td colspan="6">• 풍선 불기를 통해 폐 기능 및 폐활량이 향상된다.
• 풍선에 자기가 표현하고 싶은 그림을 그림으로써 표현력이 향상된다.
• 그린 그림을 이야기하면서 문장구성능력과 의사전달을 명확히 할 수 있는 언어능력이 증진된다</td></tr>
<tr><td rowspan="2">주요 활동 영역
●: 주요 효과
◎: 추가 효과</td><td>주의집중력</td><td>언어력</td><td>시공간지각 구성</td><td>기억력</td><td>지남력</td><td>문제해결능력</td></tr>
<tr><td>◎</td><td>●</td><td>●</td><td></td><td></td><td></td></tr>
<tr><td>준비물</td><td colspan="6">풍선, 네임펜</td></tr>
<tr><td>활동인원</td><td colspan="6">제한 없음</td></tr>
<tr><td>활동방법</td><td colspan="6">① 준비 단계
• 참여자에게 풍선을 1개씩 나누워 준다.
• 참여자는 풍선을 본인이 원하는 크기로 분다.
② 활동 단계
• 불러진 풍선에 네임펜을 이용하여 그림을 그린다.
예) 계절을 나타내는 사물(눈사람, 허수아비, 꽃 등), 장소(바다, 산, 들, 꽃밭 등) 등을 그린다.
인물을 그린다(엄마, 자녀 등 그리운 사람).
자신의 모습을 그린다.
• 풍선에 그린 그림에 대해 이야기한다.</td></tr>
<tr><td>좀 더 나아가기</td><td colspan="6">• 입 둘레근 근력 강화: 어른신들 중에는 얼굴 전체 근육이 약화되어 입술근육을 사용하여 풍선을 제대로 불지 못하는 경우가 많다. 아무리 호흡이 잘되는 경우라도 제대로 불지 못하기 때문에 호흡활동에 참여하는 것에는 문제가 있을 수 있다. 또 얼굴근육의 약화는 호흡의 약화와 관련이 있는 경우도 많다. 풍선을 부는 연습을 통해서 입술근육 근력을 향상시켜 주는 것이 좋다.
• 언어능력 강화: 인물을 그렸다면, 이름을 붙여 주고, 그 사람과 함께 가고 싶은 곳, 하고 싶은 것에 대해 이야기해 본다.
• 신체기능 강화: 불어서 그림 그린 풍선을 바구니에 담는 게임을 할 수도 있다. 진행자가 바구니를 들고 있으면, 팀으로 나누어 풍선을 던져 바구니에 많이 들어간 팀이 이기는 게임을 할 수 있다.</td></tr>
</table>

22 투호놀이

활동목표	• 투호함에 투호 창을 던져 넣게 하여 시공간지각구성능력이 향상된다. • 투호 창을 던지면서 손과 눈의 협응력이 향상된다. • 투호함에 넣은 투호 창을 숫자로 세어 수 개념이 증진된다.					
주요 활동 영역 ●: 주요 효과 ◎: 추가 효과	주의집중력	언어력	시공간지각 구성	기억력	지남력	문제해결능력
	●		●			◎
준비물	투호					
활동인원	제한 없음					

활동방법	① 준비 단계 • 투호 통과 화살을 준비한다. • 참여자에게 투호 창을 5개 배분한다. ② 활동 단계 • 참여자는 순서에 따라, 일정거리에서 투호함에 투호 창을 던져 넣는다. • 참여자는 투호함에 들어간 숫자를 큰 목소리로 이야기하고, 기억하게 한다. • 투호 게임이 다 끝난 후, 자신이 투호함에 넣은 숫자를 기억하여 다시 말하도록 한다. • 가장 투호함에 투호 창을 많이 넣은 사람에게 시상을 한다.
좀 더 나아가기	• 대근육 운동능력 및 신체조절능력 강화: 개인 놀이도 가능하지만 집단으로 팀을 이룬 후 경쟁놀이를 해도 좋다. 팀별로 투호를 던져 많이 넣은 팀이 이기는 게임이다. 이 게임을 통해 어르신들은 눈과 신체의 협응능력과 대근육 운동능력이 동시에 향상될 뿐만 아니라 균형감각을 유지하는 데에도 도움이 된다. • 회상요법 강화: 투호를 던져본 경험이 있는지, 언제, 누구와 어디에서 투호 던지기를 했는지에 대해 회상하여 이야기해 본다.

23 실 감기

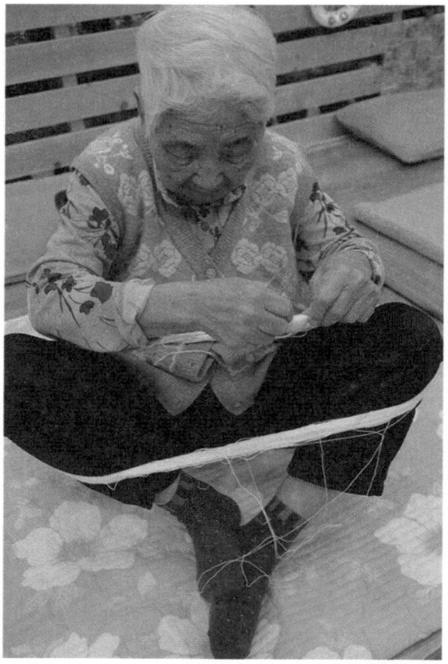

활동목표	• 과거 익숙했던 실 감기 경험을 회상함으로써 긍정적 감정을 갖는다. • 실 감기를 잘 수행함으로써 성취감을 갖는다. • 두 사람이 함께 실 감기를 진행함으로써 적절한 사회적 기술을 습득한다.					
주요 활동 영역 ●: 주요 효과 ◎: 추가 효과	주의집중력	언어력	시공간지각 구성	기억력	지남력	문제해결능력
			●	◎		●
준비물	타래 명주 실, 털실					
활동인원	제한 없음					

활동방법	① 준비 단계 • 명주실, 털실을 준비한다. • 둘씩 짝을 지어, 앉는다. ② 활동 단계 • 한 사람은 실타래를 들고 있고, 또 다른 사람은 실타래의 실을 감는다. • 실타래를 반 정도 감았을 때, 역할을 바꿔, 실을 감는다.
좀 더 나아가기	• 회상요법 강화: 실을 감아 바느질을 했거나, 뜨개질을 한 경험에 대해 이야기해 본다. • 대인관계 및 사회적 의사소통능력 강화: 두 사람이 함께 실 감기를 할 때는 상대방에게 바느질과 뜨개질로 무엇을 만들었는지, 누구에게 주었는지 이야기해 본다. 또는 노래를 부르면서 실 감기를 함께 한다.

24 쉐이커 연주(망고 모양, 옥수수 모양)

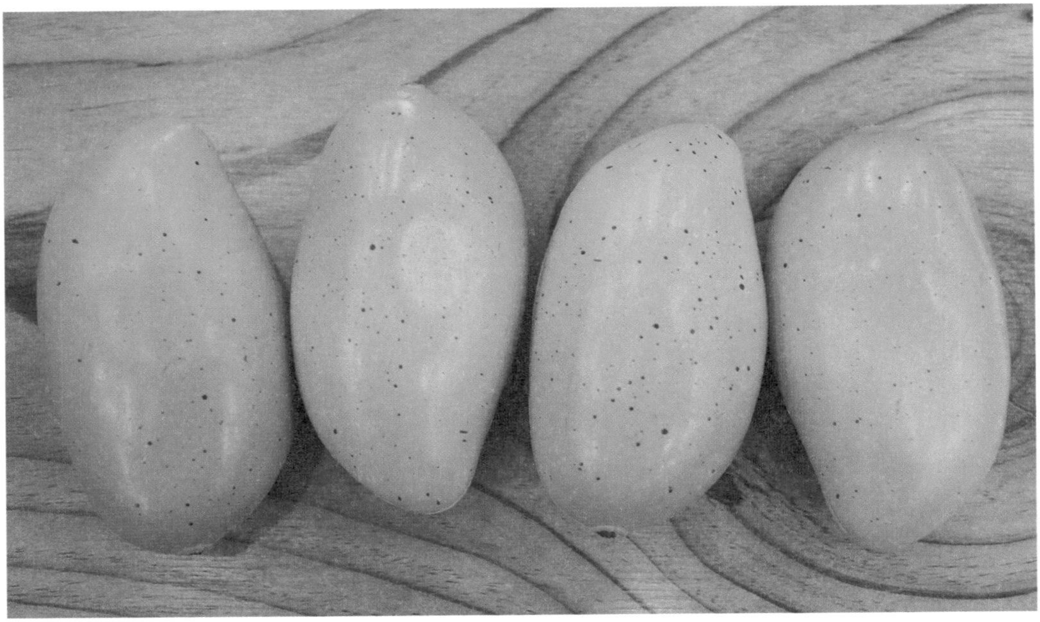

<table>
<tr><td>활동목표</td><td colspan="6">• 악기를 흔들고, 세기를 조절해 봄으로써 리듬을 이용한 자기표현능력이 증진된다.
• 악기 흔드는 소리를 통해 청각적 자극이 활성화 된다.
• 주의집중과 악기 연주 활동을 통해 뇌혈류 순환이 증진된다.</td></tr>
<tr><td rowspan="2">주요 활동 영역
●: 주요 효과
◎: 추가 효과</td><td>주의집중력</td><td>언어력</td><td>시공간지각 구성</td><td>기억력</td><td>지남력</td><td>문제해결능력</td></tr>
<tr><td>●</td><td></td><td>●</td><td>◎</td><td></td><td></td></tr>
<tr><td>준비물</td><td colspan="6">망고 모양 쉐이커, 옥수수 모양 쉐이커 또는 여러 모양의 쉐이커</td></tr>
<tr><td>활동인원</td><td colspan="6">제한 없음</td></tr>
<tr><td>활동방법</td><td colspan="6">① 준비 단계
• 참여자가 원하는 쉐이커를 2개씩 나눠 준다.
② 활동 단계
• 받은 쉐이커를 양손에 잡고 노래에 맞추어 흔든다.
예) 〈내 나이가 어때서〉, 〈고향의 봄〉 등</td></tr>
<tr><td>좀 더 나아가기</td><td colspan="6">• 인지기능 강화: 진행자가 쉐이커 모양 중 한 개를 선택하여 큰소리로 외치면, 그 쉐이커를 가지고 있는 어르신은 높이 들어 쉐이커를 흔든다. 진행자가 말로하지 않고, 특정 쉐이커를 높이 들었을 때 동일한 모양의 쉐이커를 가진 어르신은 힘차게 흔든다. 이 활동은 소근육 운동뿐만 아니라 청각적 지각력과 시각적 지각력을 강화시킬 수 있다.
• 기억력 강화: 다양한 종류의 박자를 들려주고 기억하게 한 후 모방하여 따라 흔들도록 한다. 박자를 들은 후 기억하고 있어야 하는 시간을 점점 길게 해 본다. 이를 통해 단기기억능력을 강화시킬 수 있다.</td></tr>
</table>

25 선 긋기(스크래치하여 표현하기)

<table>
<tr><td>활동목표</td><td colspan="6">• 스크래치 종이 도화지를 나무젓가락으로 긁어 모양을 냄으로써 소근육 및 도구조작능력이 향상된다.
• 스크래치 종이 도화지의 여러 가지 색깔과 모양을 냄으로써 시각 · 촉각의 감각자극이 강화된다.
• 자신만의 작품을 완성하도록 하여 성취감을 충족시키며 자신감이 향상된다.</td></tr>
<tr><td rowspan="2">주요 활동 영역
●: 주요 효과
◎: 추가 효과</td><td>주의집중력</td><td>언어력</td><td>시공간지각
구성</td><td>기억력</td><td>지남력</td><td>문제해결능력</td></tr>
<tr><td>●</td><td></td><td>●</td><td></td><td></td><td>◎</td></tr>
<tr><td>준비물</td><td colspan="6">스크래치 종이 도화지, 나무젓가락 또는 이쑤시개</td></tr>
<tr><td>활동인원</td><td colspan="6">제한 없음</td></tr>
<tr><td>활동방법</td><td colspan="6">① 준비 단계
• 스크래치 종이 도화지와 나무젓가락을 하나씩 나누어 준다.
• 참여자는 스크래치 종이 도화지를 나무젓가락으로 긁어 자유롭게 자신이 표현하고 싶은 것을 그리도록 한다.
② 활동 단계
• 완성된 그림은 카드로 만든다.
• 만들어진 카드에 편지를 쓴다.
예) 아들에게 쓰는 편지, 손자에게 쓰는 편지 등
• 자기 그림을 모든 사람 앞에서 설명하고, 쓴 편지를 읽어 준다.</td></tr>
<tr><td>좀 더
나아가기</td><td colspan="6">• 대인관계 및 사회적 의사소통능력 강화: 합동으로 큰 작품을 만들기 위해, 그림을 그리기 전 무엇을 그릴지 서로 의견을 나누게 한다. 그림을 완성한 후 자기가 그린 그림에 대해 무엇을 그렸는지 이야기한 후, 개인의 완성 작품을 모아 합동 작품으로 재완성 한다.
• 언어능력 강화: 위치에 대한 어휘, 지시에 따라 행동 수행하기, 그린 순서대로 말하기, 구성물 소개하기, 이야기 구성하여 말하기 등 다양한 언어활동을 해 볼 수 있다.</td></tr>
</table>

Part 4
일상생활 영역

26 떡 만들기

<table>
<tr><td>활동목표</td><td colspan="6">• 쌀가루를 반죽하는 활동을 통해 소근육 운동능력, 눈과 손의 협응능력, 손의 감각 등이 강화된다.
• 떡을 만드는 순서를 기억하여 떡을 만들어 봄으로써 작업기억능력이 향상된다.
• 과거에 떡을 만들었던 경험을 회상하며 긍정적 자존감이 성취된다.</td></tr>
<tr><td rowspan="2">주요 활동 영역
●: 주요 효과
◎: 추가 효과</td><td>주의집중력</td><td>언어력</td><td>시공간지각 구성</td><td>기억력</td><td>지남력</td><td>문제해결능력</td></tr>
<tr><td></td><td></td><td>◎</td><td></td><td>●</td><td>●</td></tr>
<tr><td>준비물</td><td colspan="6">쌀가루, 떡메, 접시, 반죽 그릇, 떡판</td></tr>
<tr><td>활동인원</td><td colspan="6">제한 없음</td></tr>
<tr><td>활동방법</td><td colspan="6">① 준비 단계
• 물 반죽 후 찜통에 찐다.
② 활동 단계
• 찐 반죽을 떡판에 놓고 떡메로 친다.
• 1인분 분량으로 각각 나누며, 콩가루도 함께 제공한다.
• 참여자는 한입에 넣을 만큼 떡을 떼어 콩가루에 묻혀서 먹는다.</td></tr>
<tr><td>좀 더 나아가기</td><td colspan="6">• 회상요법 강화: 떡을 만들었던 경험에 대해 이야기해 본다. 설날, 추석, 제사(묘사), 생일 등에 떡과 관련해서 일어났던 일을 회상하여 이야기해 본다.
• 언어능력 강화: 떡 종류를 이야기해 보고, 각각의 떡을 만드는 방법에 대해서 자세히 이야기해 본다.
• 대인관계 및 사회적 의사소통 강화: 두 사람씩 짝을 지어 서로 무슨 떡을 좋아하는지 물어보고, 왜 좋아하는지, 언제 먹는지 등에 대해 대화를 나누도록 한다.</td></tr>
</table>

27 솔방울 인형 만들기

<table>
<tr><td>활동목표</td><td colspan="6">• 솔방울을 만져보도록 하여 촉감을 자극한다.
• 솔방울로 여러 가지 모양을 만들어 봄으로써 시공간지각구성능력이 향상된다.
• 과거 솔방울과 관련된 경험을 이야기하여 대인간 관계에서 의사소통능력을 원활히 유지한다.</td></tr>
<tr><td rowspan="2">주요 활동 영역
●: 주요 효과
◎: 추가 효과</td><td>주의집중력</td><td>언어력</td><td>시공간지각
구성</td><td>기억력</td><td>지남력</td><td>문제해결능력</td></tr>
<tr><td>◎</td><td></td><td>●</td><td>●</td><td></td><td></td></tr>
<tr><td>준비물</td><td colspan="6">솔방울, 인형 눈, 모루, 방울, 클레이, 물감, 붓, 물통, 풀</td></tr>
<tr><td>활동인원</td><td colspan="6">제한 없음</td></tr>
<tr><td>활동방법</td><td colspan="6">① 준비 단계
• 솔방울, 인형 눈 등 준비 물품을 테이블에 놓는다.
• 각자 좋아하는 모양을 선택한다.
② 활동 단계
• 솔방울 몸통으로 사용할 수 있도록 물감으로 색칠한다.
• 솔방울 몸통에 붙일 수 있도록 얼굴과 발을 클레이로 만든다.
• 얼굴에는 인형 눈과 클레이로 코를 만들어 붙인다.
• 반짝이 모루를 2~3회 돌려 감아 모자를 만들고, 모자 위에는 방울을 붙인다.
• 발모양의 클레이를 솔방울 몸통에 붙인다.
• 각자가 완성한 솔방울 작품에 대해 이야기한다.
• 과거 솔방울과 관련된 좋았던 경험을 이야기한다.</td></tr>
<tr><td>좀 더
나아가기</td><td colspan="6">• 언어능력 강화: 솔방울 인형을 보며 /ㅅ/ 자가 들어간 단어는 무엇이 있는지 말해본다. 소나무, 수박, 손수건 등을 말함으로써 음운 인식능력을 강화시킨다.
솔방울과 관련된 연상단어를 이야기해 본다. 예로 소나무, 송편, 숲, 숯 등이 있으며, 본인이 만든 솔방울 인형과 다른 사람이 만든 솔방울 인형의 차이를 말해 보는 것도 재미있다.
• 회상요법 강화: 솔방울과 관련된 추억을 떠올리며 이야기해 본다.
• 청각적 이해능력 및 시각적 지각능력 강화: 진행자는 어르신에게 말로만 설명하고, 어르신은 빈 솔방울에 지시대로 색깔과 모양에 맞추어 인형을 만든다. 예로 진행자는 "솔방울에 빨간 색 목도리를 두르세요.", "솔방울에 하얀 모자를 씌우세요.", "솔방울에 안경을 씌우세요." 등</td></tr>
</table>

28 클레이 송편 만들기

<table>
<tr><td>활동목표</td><td colspan="6">• 클레이를 손으로 만지도록 하여 촉감을 자극시키고 대근육 및 소근육 운동능력과 손의 악력을 향상시킨다.
• 클레이로 다양한 모양을 만들어 봄으로써 창의력을 강화시키고, 과거 경험을 서로 이야기하도록 하여 사회적 적응기술을 증진시킨다.
• 클레이를 이용한 송편 만들기를 통해 일상생활수행능력을 강화시킨다.</td></tr>
<tr><td rowspan="2">주요 활동 영역
●: 주요 효과
◎: 추가 효과</td><td>주의집중력</td><td>언어력</td><td>시공간지각 구성</td><td>기억력</td><td>지남력</td><td>문제해결능력</td></tr>
<tr><td></td><td></td><td>●</td><td>◎</td><td></td><td>●</td></tr>
<tr><td>준비물</td><td colspan="6">색깔별 클레이</td></tr>
<tr><td>활동인원</td><td colspan="6">제한 없음</td></tr>
<tr><td>활동방법</td><td colspan="6">① 준비 단계
• 클레이를 손으로 만지며 감촉을 느껴 보고 어떤 느낌이 드는지 이야기해 본다.
② 활동 단계
• 클레이로 소근육이 약하거나 신체조절능력이 약화된 경우에는 다른 어르신과 짝을 지어 서로 도울 수 있도록 한다.
• 손으로 힘을 주어 반죽해 보고 동그라미, 네모, 세모 등 다양한 모양을 만들어 보기도 한다. 클레이를 손으로 꽉 쥐어 손가락 사이로 반죽이 빠져나오는 놀이를 해 본다.
• 클레이로 송편을 만든 후 어떻게 만드는지 이야기해 본다.</td></tr>
<tr><td>좀 더 나아가기</td><td colspan="6">• 시각 및 색깔 변별력 강화: 여러 가지 클레이 색깔을 인식하고 이야기해 본다. 여러 가지 색깔로 만든 어떤 색깔이 되었는지 섞어서 다른 색깔로 만들어 보아도 재미있다. 이 놀이를 통해 자연스럽게 색깔 인지능력이 향상된다.
• 언어능력 강화: 송편 속에 들어갈 소의 종류에는 무엇이 있는지 이야기해 본다. 예로 콩, 설탕, 깨, 팥, 완두콩 등이 있다.
• 회상요법 강화: 추석에 송편을 만들었던 경험을 이야기해 본다.</td></tr>
</table>

29 모빌 만들기

<table>
<tr><td>활동목표</td><td colspan="6">• 모빌을 색종이로 만들면서 소근육 운동능력, 눈과 손의 협응능력을 강화한다.
• 모빌을 만드는 순서를 기억하여 모빌을 완성함으로써 작업기억능력을 증진한다.
• 모빌을 완성하여 걸어 둠으로써 감상하는 기회 및 시공간지각구성능력을 증진한다.</td></tr>
<tr><td rowspan="2">주요 활동 영역
●: 주요 효과
◎: 추가 효과</td><td>주의집중력</td><td>언어력</td><td>시공간지각
구성</td><td>기억력</td><td>지남력</td><td>문제해결능력</td></tr>
<tr><td>◎</td><td></td><td>●</td><td>●</td><td></td><td></td></tr>
<tr><td>준비물</td><td colspan="6">세탁소 옷걸이, 색종이, 낚싯줄, 가위, 풀</td></tr>
<tr><td>활동인원</td><td colspan="6">제한 없음</td></tr>
<tr><td>활동방법</td><td colspan="6">① 준비 단계
• 세탁소 옷걸이에 낚싯줄 3~4줄 연결하여 준비한다.
• 참여자 자신이 좋아하는 모양으로 색종이를 오린다.
② 활동 단계
• 오린 색종이는 1개의 낚싯줄에 5~6개씩 붙여서 완성한다.
• 3~4줄의 낚싯줄에 오린 색종이를 모두 붙인 후 모빌을 완성한다.</td></tr>
<tr><td>좀 더
나아가기</td><td colspan="6">• 회상요법 강화: 모빌을 본적이 있는지, 본적이 있다면 어떤 모양의 모빌이었는지 이야기해 본다.
• 언어능력 강화: 세탁소 옷걸이를 사용하여 할 수 있는 일에 대해 이야기해 본다. 예로 스카프 걸기, 빨래 널기, 물건 꺼내기, 막힌 곳 뚫기 등이 있다.</td></tr>
</table>

30 한지 감 만들기

활동목표	• 신문지와 밀가루 풀을 섞어 반죽을 하며 촉감을 자극시키고, 손의 소근육 운동을 향상시킨다. • 세밀하게 붉은 색 한지를 붙이고, 꼭지를 붙임으로써 주의집중력 및 미세근육을 강화시킨다.					
주요 활동 영역 ●: 주요 효과 ◎: 추가 효과	주의집중력	언어력	시공간지각 구성	기억력	지남력	문제해결능력
	●	◎	●			
준비물	색 한지, 신문지, 풀(밀가루 풀), 철사					
활동인원	제한 없음					
활동방법	① 준비 단계 • 신문지를 물에 불려 놓는다. • 불린 신문지와 밀가루 풀을 섞어 반죽한다. ② 활동 단계 • 불린 신문지를 감 모양으로 빚는다. • 감 모양이 완성되면, 붉은색 한지를 붙인다. • 철사로 꼭지 모양을 만들어 꽂는다. • 초록색 감 받침대를 오려 철사 꼭지에 꽂는다.					
좀 더 나아가기	• 언어능력 강화: 감으로 만들 수 있는 음식 종류와 그 음식을 만드는 과정을 이야기해 본다. 예로 곶감, 수정과, 감잎차 등이 있다. • 회상요법 강화: 동네에 감나무가 있었는지, 감은 언제 열리는지, 감을 따본 적이 있는지, 어떻게 따는지, 감을 말려본 적이 있는 지 등에 대해 이야기해 본다. 감으로 염색을 해 본적이 있는 경우, 무엇을 염색했는지 등에 대해 이야기해 본다.					

31 문패 만들기

<table>
<tr><td>활동목표</td><td colspan="6">• 문패에 자신의 이름을 쓰면서 긍정적 자긍심을 갖는다.
• 문패에 쓰인 자신에 대해 이야기함으로써 언어표현능력이 향상된다.
• 자기소개를 통해 의사소통능력과 사회적 기술이 증진된다.</td></tr>
<tr><td rowspan="2">주요 활동 영역
●: 주요 효과
◎: 추가 효과</td><td>주의집중력</td><td>언어력</td><td>시공간지각
구성</td><td>기억력</td><td>지남력</td><td>문제해결능력</td></tr>
<tr><td></td><td>●</td><td></td><td>●</td><td>◎</td><td></td></tr>
<tr><td>준비물</td><td colspan="6">네모 상자 혹은 스티로폼, 검은색 도화지, 흰색 수정액, 가위, 풀</td></tr>
<tr><td>활동인원</td><td colspan="6">5~6명</td></tr>
<tr><td>활동방법</td><td colspan="6">① 준비 단계
• 네모 상자 혹은 스티로폼을 검은색 도화지로 싼다.
② 활동 단계
• 검은색 도화지에 흰색 수정액으로 참여자 자신의 이름을 쓴다.
• 문패를 가지고 나와서 자기 자신에 대해 소개한다.
예) "저는 홍길동입니다. 1910년 5월 5일 태어났으며, 2남 1녀 중 장남입니다. 결혼해서 두 딸이 있습니다." 등</td></tr>
<tr><td>좀 더
나아가기</td><td colspan="6">• 대인관계 및 사회적 의사소통 강화: 두 사람씩 짝을 지어, 상대방의 문패를 보고 이름을 불러준다.
• 회상요법 강화: 어르신 집에 문패가 있었는지, 있는 경우 문패에 적혀진 이름은 무엇이었는지, 대문의 모양을 떠올려 본다.</td></tr>
</table>

32 자녀에게 전화하기

<table>
<tr><td>활동목표</td><td colspan="6">• 전화하기를 통해 수단적 일상생활수행능력을 강화시킨다.
• 자녀에게 전화함으로써 정서기능을 자극시켜 삶의 활력을 북돋는다.
• 전화로 이야기를 나눔으로써 의사소통능력과 사회적 기술이 증진된다.</td></tr>
<tr><td rowspan="2">주요 활동 영역
●: 주요 효과
◎: 추가 효과</td><td>주의집중력</td><td>언어력</td><td>시공간지각
구성</td><td>기억력</td><td>지남력</td><td>문제해결능력</td></tr>
<tr><td></td><td>●</td><td></td><td></td><td>●</td><td>◎</td></tr>
<tr><td>준비물</td><td colspan="6">장난감 전화기 혹은 다이어리 전화기, 휴대전화</td></tr>
<tr><td>활동인원</td><td colspan="6">제한 없음</td></tr>
</table>

활동방법	① 준비 단계 • 참여자는 누구에게 전화를 하고 싶은지 이야기한다. • 전화로 하고 싶은 이야기는 무엇인지 말한다. • 전화 시 대화 상대자를 정한다. • 상대자는 진행자, 기관의 직원, 참여자 동료가 될 수 있다. ② 활동 단계 • 참여자는 순서대로 전화기를 사용하여 전화를 한다. 참여자 "아들아 잘 있었냐?" 상대자 "잘 있었어요. 엄마도 별일 없어요?" 참여자 "언제 올래?" 상대자 "바빠서 못 가는데, 시간나면 갈게요." 참여자 "그게 언제니?" 등
좀 더 나아가기	• 회상요법 강화: 전화기가 집집마다 없었을 무렵 연락을 어떻게 했는지 기억해서 말해 본다. 전화를 받고 가장 기뻤을 때와 가장 놀랐을 때, 가장 슬펐을 때의 경험을 떠올려 이야기해 본다. • 언어능력 강화: 전화 대신 할 수 있는 연락 방법에 대해 이야기해 본다. • 대인관계 및 사회적 의사소통 강화: 두 사람씩 짝을 지어 전화를 건 다음 오늘의 일과에 대해 이야기하고 하고 싶은 일에 대해 대화를 한다.

Part 5
회상 영역

33. 파리 잡기
34. 다방 놀이 및 영화 보기
35. 고무신 장식
36. 절구 놀이
37. 짚풀 놀이
38. 맷돌 놀이
39. 풍물놀이
40. 콩 주머니 던지기
41. 다슬기 까기
42. 공기놀이

33 파리 잡기

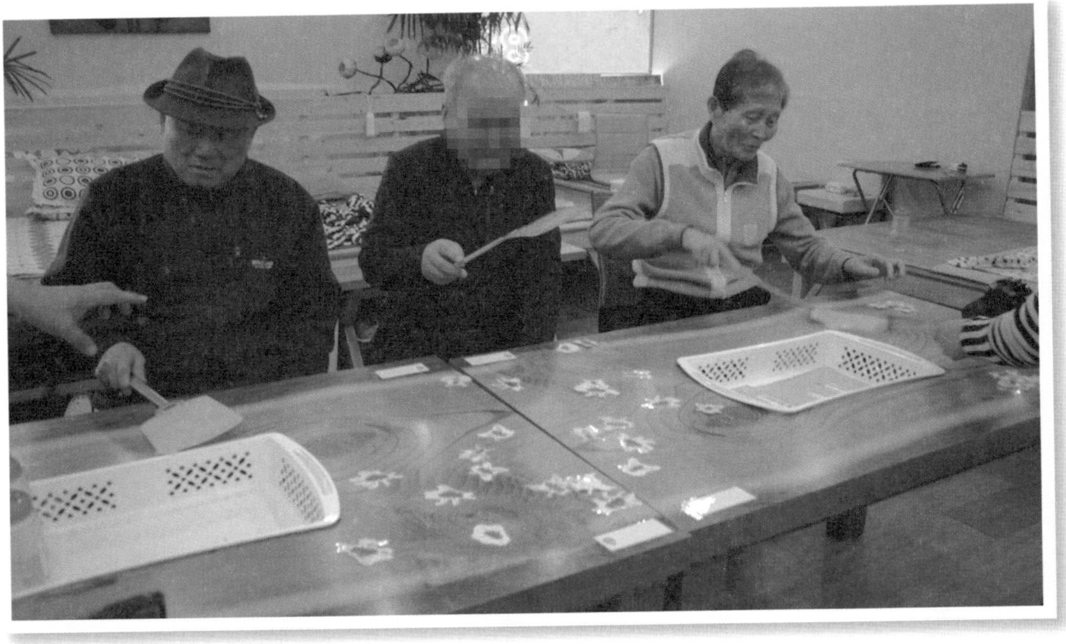

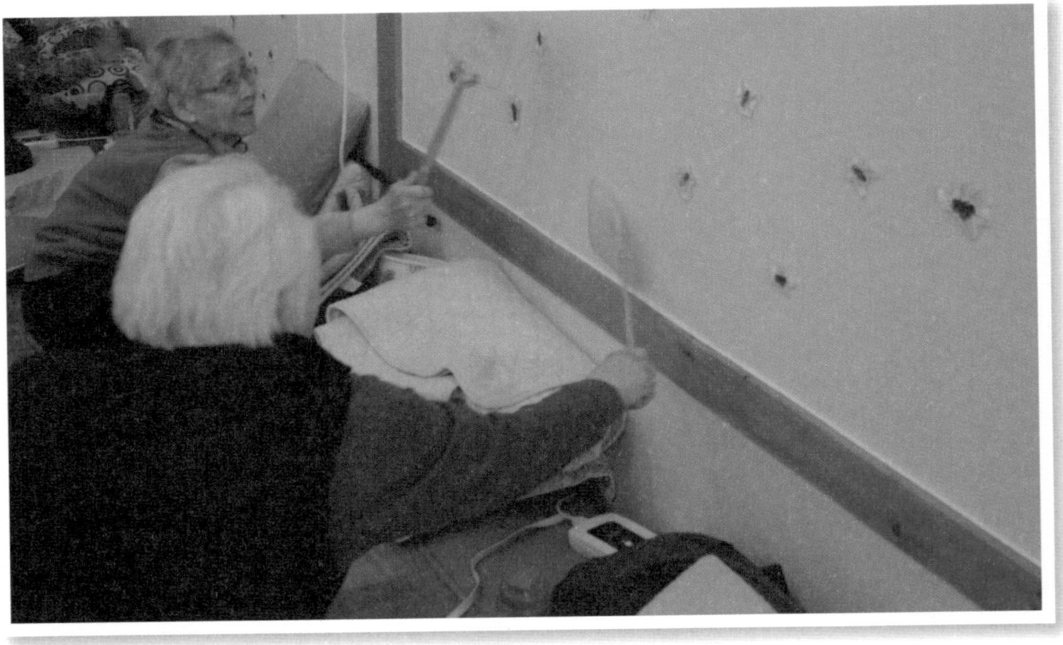

<table>
<tr><td>활동목표</td><td colspan="6">• 파리 잡기를 했던 기억을 떠올리고 이야기 나눔으로써 인지적 회상능력이 향상된다.
• 파리채를 손으로 잡은 후 손과 팔을 조절하여 파리를 잡음으로써 소근육 운동능력 및 눈과 손의 협응능력이 향상된다.
• 잡은 파리가 몇 마리인지 숫자를 셈으로써 수 개념이 향상된다.</td></tr>
<tr><td rowspan="2">주요 활동 영역
●: 주요 효과
◎: 추가 효과</td><td>주의집중력</td><td>언어력</td><td>시공간지각 구성</td><td>기억력</td><td>지남력</td><td>문제해결능력</td></tr>
<tr><td></td><td></td><td>●</td><td>◎</td><td></td><td>●</td></tr>
<tr><td>준비물</td><td colspan="6">파리채, 모형 파리 도안, 양면 벨크로 테이프(찍찍이), 손 코팅,</td></tr>
<tr><td>활동인원</td><td colspan="6">제한 없음</td></tr>
<tr><td>활동방법</td><td colspan="6">① 준비 단계
• 파리채 가운데 양면 벨크로 테이프(찍찍이)를 붙인다.
• 모형 파리 도안에 색칠을 하고, 손 코팅을 한다.
• 코딩된 모형 파리를 오린 후, 파리 등에 양면 벨크로 테이프(찍찍이)를 붙인다.
• 벽이나 바닥에 모형 파리를 배치해 둔다.
② 활동 단계
• 배치된 파리를 파리채로 잡는다.
• 잡은 파리가 몇 마리인지 함께 센다.
• 가장 많은 파리를 잡은 사람에게 시상을 한다.</td></tr>
<tr><td>좀 더 나아가기</td><td colspan="6">• 언어능력 강화: 곤충 종류를 말해본다. 파리가 어느 계절에, 어느 장소에 많은지 이야기해 본다.
• 회상요법 강화: 파리를 잡았던 경험에 대해서 이야기해 본다. 파리를 잡았던 방법을 떠올려 이야기하게 한다.</td></tr>
</table>

34 다방 놀이 및 영화 보기

<table>
<tr><td>활동목표</td><td colspan="6">• 과거 다방에 갔던 경험과 영화를 봤던 경험을 떠올리며 장기기억을 재활성화함으로써 회상능력이 증진된다.
• 과거 다방 및 영화를 보러 갔던 경험을 이야기하여 언어적 기억력을 향상한다.
• 차 교환권 및 영화표를 사용함으로써 수단적 일상생활수행능력이 증진된다.</td></tr>
<tr><td rowspan="2">주요 활동 영역
●: 주요 효과
◎: 추가 효과</td><td>주의집중력</td><td>언어력</td><td>시공간지각 구성</td><td>기억력</td><td>지남력</td><td>문제해결능력</td></tr>
<tr><td></td><td>●</td><td></td><td>●</td><td>◎</td><td></td></tr>
<tr><td>준비물</td><td colspan="6">옛날 커피 잔, 커피 또는 차, 스크린, 영화</td></tr>
<tr><td>활동인원</td><td colspan="6">제한 없음</td></tr>
<tr><td>활동방법</td><td colspan="6">① 준비 단계
• 배치된 의자에 평소에 좋아하는 사람들끼리 앉는다.
• 차를 주문한다.
• 차 이름이 쓰여 있는 차 교환권을 참여자에게 준다.
② 활동 단계
• 배달하는 사람은 “어떤 차를 시키셨어요.”하고 질문한다.
• 참여자가 주문한 차의 이름을 댄다.
• 차 교환권에 쓰여 있는 차의 이름이 일치하는지 확인한다.
• 일치하는 경우 차를 제공하고, 마신다.
• 불일치한 경우 차 교환권에 쓰여 있는 차의 이름을 다시 읽게 한다.
• 차를 다 마신 후 영화 보기 장소로 옮긴다.
• 영화를 감상한다.</td></tr>
<tr><td>좀 더 나아가기</td><td colspan="6">• 언어능력 강화: 차 종류에 대해 말해보고, 어르신이 좋아하는 차에 대해 이야기를 나눈다. 차의 맛, 색깔, 향기에 대해서 설명한다.
• 대인관계 및 사회적 의사소통 강화: 두 사람씩 짝을 지어 감상한 영화의 배경, 내용, 주인공 등에 대해 대화한다. 어르신이 본 영화 중 가장 인상 깊은 영화에 대해 상대방에게 이야기해 본다.
• 회상요법 강화: 과거 영화관에 갔던 경험에 대해 이야기해 본다. 영화관은 어디였는지, 누구와 갔는지, 몇 살 때 갔는지, 내용은 무엇이었는지 등을 회상하여 이야기해 본다.</td></tr>
</table>

35 고무신 장식

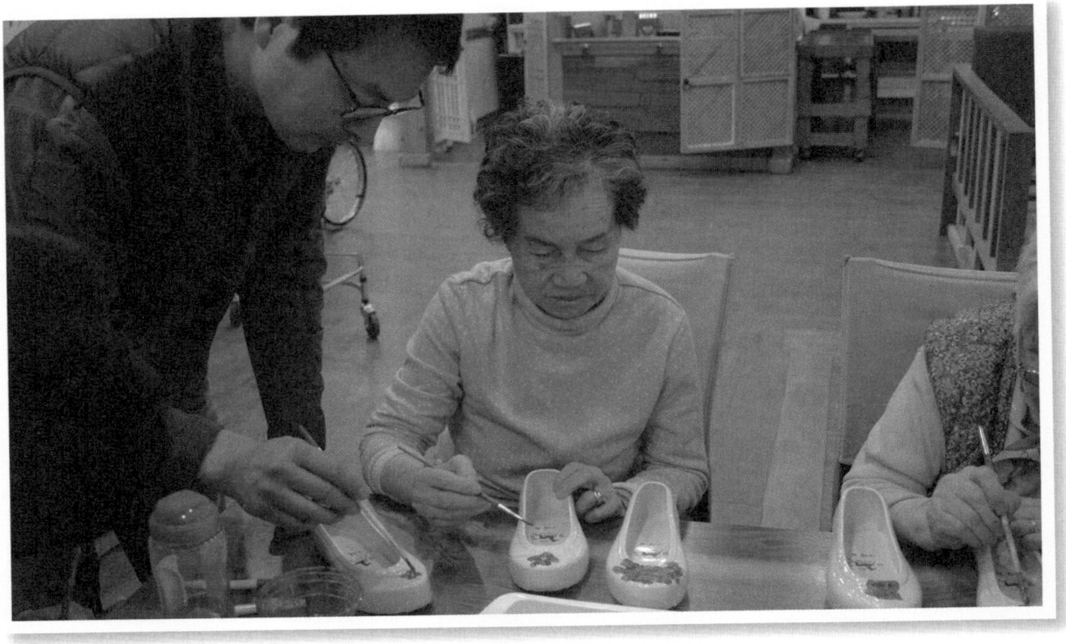

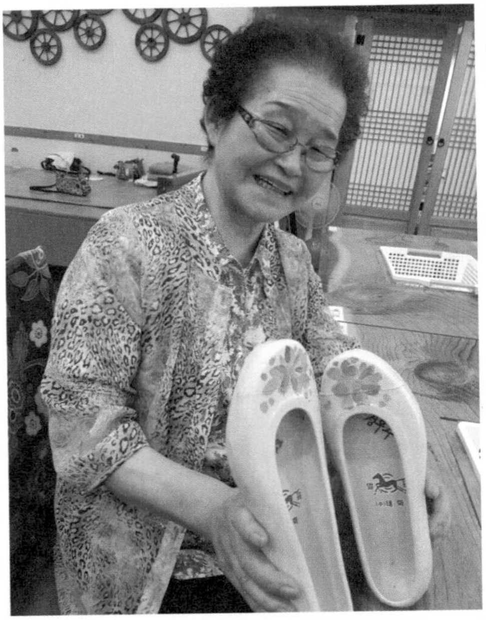

<table>
<tr><td rowspan="1">활동목표</td><td colspan="6">• 고무신을 신었던 기억을 떠올리며 인지적 회상능력이 증진된다.
• 고무신을 언제, 누가 사주었는지, 고무신을 신고 어디를 갔는지 등에 이야기함으로써 문장 구성능력이 향상된다.
• 자신의 발에 맞는 고무신에 자신의 이름을 써서 자기 것에 대한 소유욕을 충족하며, 긍정적 자존감을 형성한다.</td></tr>
<tr><td rowspan="2">주요 활동 영역
●: 주요 효과
◎: 추가 효과</td><td>주의집중력</td><td>언어력</td><td>시공간지각 구성</td><td>기억력</td><td>지남력</td><td>문제해결능력</td></tr>
<tr><td></td><td>●</td><td>◎</td><td>●</td><td></td><td></td></tr>
<tr><td>준비물</td><td colspan="6">다양한 색깔의 고무신, 아크릴 물감, 붓,</td></tr>
<tr><td>활동인원</td><td colspan="6">제한 없음</td></tr>
<tr><td>활동방법</td><td colspan="6">① 준비 단계
• 참여자 발에 맞는 하얀 고무신 혹은 검정 고무신을 선택한다.
② 활동 단계
• 선택 고무신에 아크릴 물감을 이용하여 본인이 그리고 싶은 그림을 그린다.
• 그림이 완성된 고무신에 자신의 이름을 쓴다.
• 고무신에 그려진 그림에 대해 설명한다.</td></tr>
<tr><td>좀 더 나아가기</td><td colspan="6">• 회상요법 강화: 고무신을 신었던 경험과 일어났던 일에 대해 이야기해 본다. 언제, 어디서, 어떤 고무신을 신었는지 등
• 언어능력 강화: 신발의 종류와 기능에 대해 말해 본다. 예로 장화, 고무신, 구두, 슬리퍼 등이 있다.</td></tr>
</table>

36 절구 놀이

활동목표	• 절구를 보면서 절구가 있었던 장소, 언제 절구를 쳤는지, 누가랑 했는지에 대해 회상함으로 시간, 장소, 사람에 대한 지남력이 향상된다. • 쌀을 불리고, 찧는 순서를 기억하여 절구를 찧는 과정에 대한 작업기억능력이 향상된다. • 절구를 찧으며, 신체 균형감과 조절능력이 향상된다.					
주요 활동 영역 ●: 주요 효과 ◎: 추가 효과	주의집중력	언어력	시공간지각 구성	기억력	지남력	문제해결능력
			◎	●		●
준비물	절구, 불린 쌀					
활동인원	제한 없음					

활동방법	① 준비 단계 • 절구통에 물기를 뺀 불린 쌀을 넣는다. ② 활동 단계 • 절구로 쌀을 찧는다. • 찧고 난 후 쌀가루를 이용하여 떡을 만든다.
좀 더 나아가기	• 언어능력 강화: 쌀을 쌀가루로 만들 수 있는 도구에 대해서 이야기해 본다. 예로 디딜방아, 쇠절구 등이 있다. • 신체감각 강화: 노래 리듬에 맞추어 두 사람이 번갈아 가며 방아를 찧는다. • 회상요법 강화: 절구나 방어를 사용했던 경험에 대해 이야기해 본다. 보름달을 보며, 토끼가 방아 찧는 모습을 찾았던 기억이 있는지 떠올려 이야기해 본다.

37 짚풀 놀이

<table>
<tr><td>활동목표</td><td colspan="6">• 짚풀을 꼬는 순서를 인지하여 행동해 봄으로써 작업 기억 및 단기기억능력이 향상된다.
• 짚풀을 꼬며 소근육 운동능력 및 신체조절능력이 강화된다.
• 건강하고 젊었던 시절을 회상하며 긍정적인 자존감을 갖는다.</td></tr>
<tr><td rowspan="2">주요 활동 영역
●: 주요 효과
◎: 추가 효과</td><td>주의집중력</td><td>언어력</td><td>시공간지각 구성</td><td>기억력</td><td>지남력</td><td>문제해결능력</td></tr>
<tr><td></td><td></td><td>◎</td><td>●</td><td></td><td>●</td></tr>
<tr><td>준비물</td><td colspan="6">볏짚</td></tr>
<tr><td>활동인원</td><td colspan="6">제한 없음</td></tr>
<tr><td>활동방법</td><td colspan="6">① 준비 단계
• 볏짚을 1인이 만들 수 있는 분량만큼 나누어 준다.
② 활동 단계
• 참여자는 나누어 받은 짚으로 새끼를 꼰다.
• 꼰 새끼로 작은 멍석을 만든다.</td></tr>
<tr><td>좀 더 나아가기</td><td colspan="6">• 언어능력 강화: 짚으로 만들 수 있는 것에 대해서 이야기해 본다. 예로 짚신, 줄다리기 줄, 초가집 지붕 등이 있다.
• 대인관계 및 사회적 의사소통 강화: 각자 꼰 새끼줄로 무엇을 만들지 서로 의견을 나눈 후 함께 협동 작업으로 큰 바구니 등의 작품을 만든다.
• 회상요법 강화: 짚을 꼰 경험이 있는지, 있다면 언제인지, 무엇을 만들었는지, 누구랑 같이 했는지 회상하여 이야기해 본다.</td></tr>
</table>

38 맷돌 놀이

활동목표	• 맷돌을 갈았던 기억을 떠올리며, 옛날 집의 모습에 대해 이야기함으로 인지적 회상능력이 향상된다. • 맷돌을 이용해서 만들었던 음식에 대해 이야기하면서 기억력을 되살리고, 사회적 의사소통능력이 향상된다. • 올바른 순서를 기억하여 맷돌을 가는 활동을 함으로써 작업기억능력이 향상된다.					
주요 활동 영역 ●: 주요 효과 ◎: 추가 효과	주의집중력	언어력	시공간지각 구성	기억력	지남력	문제해결능력
		●		●	◎	
준비물	맷돌, 불린 콩, 양푼이					

활동인원	제한 없음
활동방법	① 준비 단계 • 콩을 맷돌에 갈아 콩물이 떨어질 수 있도록 양푼이를 받친다. ② 활동 단계 • 맷돌에 불린 콩을 넣고 맷돌을 돌린다. • 양푼이에 콩물이 모인다. • 고인 콩물로 콩국을 끓이거나, 두유를 만들어 먹는다.
좀 더 나아가기	• 회상요법 강화: 콩으로 두부를 만든 적이 있는지, 있다면 어떻게 만들었는지 회상하여 이야기해 본다. 어렸을 때 집에서 사용했던 맷돌의 모습에 대해 떠올려 이야기해 본다. 주로 누가 사용했는지, 맷돌로 무엇을 했는지 등 • 언어능력 강화: 콩 종류에 대해 이야기해 본다. 예로 완두콩, 강낭콩, 메주콩, 검은콩 등이 있다.

39 풍물놀이

활동목표	• 풍물놀이에 사용되는 악기의 이름을 말할 수 있다. • 풍물놀이 장단에 맞추어 손과 발로 표현할 수 있다. • 풍물놀이에 대한 기억을 떠올리며, 언제, 어디서, 누가, 어떻게 했는지에 대해 이야기함으로써 인지적 회상능력이 향상된다.					
주요 활동 영역 ●: 주요 효과 ◎: 추가 효과	주의집중력	언어력	시공간지각 구성	기억력	지남력	문제해결능력
				●	●	◎
준비물	북, 장구, 징, 꽹과리, 소고 등					
활동인원	제한 없음					

활동방법	① 준비 단계 • 북, 장구, 징, 꽹과리, 소고 등을 준비한다. • 참여자들이 풍물놀이 악기 중 자신이 좋아하는 악기를 선택한다. ② 활동 단계 • 민요 가락에 맞추어 악기를 연주한다.
좀 더 나아가기	• 언어능력 강화: 우리나라 전통 악기와 외국 악기 이름을 대고, 어떻게 다른지 이야기해 본다. 풍물놀이와 관련하여 연상되는 단어를 말해본다. 예로 짚신 밟기, 가을걷이, 풍년 등이 있다. • 회상요법 강화: 동네에서 풍물놀이를 했던 기억을 떠올려 본다. 언제, 어디서 했는지, 본인은 어떤 악기를 쳤는지, 구경만 했는지 등을 떠올리며 이야기해 본다.

40 콩 주머니 던지기

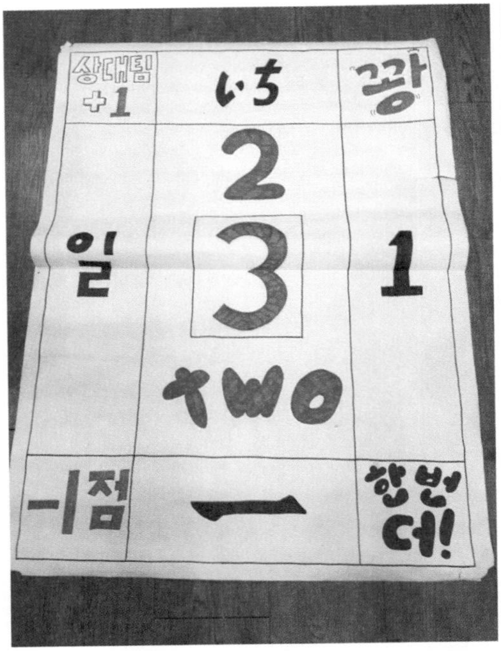

활동목표	• 콩 주머니 놀이를 했던 경험을 떠올리며 장기기억을 재활성화 한다. • 두 명이 함께 콩 주머니 놀이를 하면서 대인관계 형성과 사회적 상호작용 기술을 습득한다. • 콩 주머니 놀이를 하면서 앞에 앉은 친구와 함께 이야기를 나누고 같은 주제로 대화해보면서 문장 말하기나 주제 유지와 관련된 화용능력이 향상된다.					
주요 활동 영역 ●: 주요 효과 ◎: 추가 효과	주의집중력	언어력	시공간지각 구성	기억력	지남력	문제해결능력
		●		●	◎	
준비물	콩 주머니, 사방 그림 판					
활동인원	제한 없음					

활동방법	① 준비 단계 • 숫자와 '꽝' 등을 써 넣은 사방 판을 준비한다. • 콩 주머니는 어르신 1인당 2개씩 준비한다. ② 활동 단계 • 순서를 정해서 사방 판에 콩 주머니를 2번 던진다. • 던진 콩 주머니 위치에 따라 숫자를 합산한다. • 점수가 가장 높은 사람에게 시상한다.
좀 더 나아가기	• 대인관계 및 사회적 의사소통 강화: 팀을 나눈 후, 각 팀원들이 번갈아 사방 판에 콩 주머니를 던진다. 던져진 곳에 쓰여 있는 숫자를 합산하여 가장 높은 점수를 얻은 팀이 승리하게 된다. • 언어능력 강화: 사방 판에 숫자 대신 사물 그림을 붙여 사용 할 수도 있다. 이때 2개의 콩 주머니가 하나는 '나비', 다른 하나는 '꽃'에 던져 졌다면, "나비가 꽃의 꿀을 먹어요." 등과 같이 문장으로 구성하여 이야기할 수 있다. 더 길고 멋진 문장을 이야기하는 사람이 이 게임의 승리자이다.

41 다슬기 까기

활동목표	• 다슬기 까기에 대한 탐구심과 호기심을 갖는다. • 다슬기 까기 활동을 통해 소근육 운동능력 및 눈과 손의 협응능력을 강화한다. • 다슬기 까기를 했던 경험을 이야기함으로써 인지적 회상능력을 자극하고, 어린 시절의 기억을 통해 긍정적 자존감을 회복한다.					
주요 활동 영역 ●: 주요 효과 ◎: 추가 효과	주의집중력	언어력	시공간지각 구성	기억력	지남력	문제해결능력
		◎	●	●		
준비물	삶은 다슬기, 이쑤시개					
활동인원	제한 없음					

활동방법	① 준비 단계 • 다슬기를 삶아 준비한다. • 다슬기를 깐 후 담을 수 있는 개인 그릇을 1인당 1개씩 갖는다. ② 활동 단계 • 이쑤시개로 다슬기를 돌려가며 꺼낸다. • 개인 그릇에 깐 다슬기를 담는다. • 다슬기를 다 깐 후 다슬기 국을 끓여 나누어 먹는다.
좀 더 나아가기	• 언어능력 강화: 다슬기와 비슷한 어패류에 대해 말해보고, 어떤 음식을 만들어 먹을 수 있는지에 대해서도 이야기해 본다. 예로 고동, 소라, 우렁이, 골뱅이 등 종류를 이야기하고, 음식 종류로는 국, 무침, 죽 등 같이 음식으로 먹을 수 있는 것에 대해 이야기해 본다. • 회상요법 강화: 다슬기와 관련된 경험(다슬기를 언제, 어디에서 잡았는지, 다슬기로 무엇을 해먹었는지 등)을 떠올려 이야기해 본다.

42 공기놀이

활동목표	• 공기놀이를 통해 손과 눈의 협응능력, 소근육 기능을 강화한다. • 공기놀이 했던 장소, 사람, 시간 등을 이야기해 봄으로써 지남력을 자극하고, 기억회상능력을 향상한다. • 공기놀이를 통해 성취감과 긍정적 자존감을 갖는다.					
주요 활동 영역 ●: 주요 효과 ◎: 추가 효과	주의집중력	언어력	시공간지각 구성	기억력	지남력	문제해결능력
			●	●		◎
준비물	시중에 파는 공기 혹은 돌멩이					
활동인원	제한 없음					

활동방법	① 준비 단계 • 시중에 파는 공기 혹은 돌멩이를 많이 준비한다. • 5~6명 둘러 앉아 준비 한다. ② 활동 단계 • 공기놀이를 한다. • 참여자가 공깃돌을 잡으면 가져간다. • 참여자 별로 각자가 가져온 공깃돌을 세워 가장 많이 가져온 사람을 이긴 자로 한다.
좀 더 나아가기	• 인지기능 강화: 공깃돌 중 같은 색깔끼리 분류해 본다. 분류된 색깔 중 가장 많은 숫자의 공깃돌을 이야기해 본다. • 회상요법 강화: 어린 시절 공기놀이를 했던 친구에 대해 떠올려 본다. 공기놀이를 하며 떠오른 장면을 자세히 이야기해 본다. 공기놀이와 함께 했던 어린 시절 추억의 놀이에 대해 이야기해 본다.

Part 6

사회적응 영역

43 벼룩시장

활동목표	• 돈을 사용함으로써 수단적 일상생활수행능력이 향상된다. • 물건을 선택하고, 사는 행위를 통해 의사소통능력이 향상되고 사회적 기술이 증진된다. • 스스로 구입한 물건을 어떻게 쓸지 이야기해 봄으로써 긍정적 정서기능을 자극시켜 삶의 활력을 갖는다.					
주요 활동 영역 ●: 주요 효과 ◎: 추가 효과	주의집중력	언어력	시공간지각 구성	기억력	지남력	문제해결능력
				◎	●	●
준비물	재활용이 가능한 사용하지 않은 물건, 엽전, 주머니					
활동인원	제한 없음					

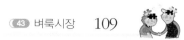

활동방법	① 준비 단계 • 벼룩시장에 준비할 물건에 대해 일주일전 공지한다. • 참여자들이 가져온 물건을 분류한다. • 참여자들에게 엽전을 동일하게 나누어 준다. ② 활동 단계 • 참여자들은 자신이 가지고 있는 엽전으로 물건을 구입한다. • 물건 구입 시 흥정하거나, 엽전이 모자란 경우 외상을 한다. • 구입한 물건을 어디에 쓸 것 인지 이야기한다. • 구입한 물건을 각자 집으로 가지고 간다.
좀 더 나아가기	• 지남력 향상: 벼룩시장에서 구입한 물건의 이름, 사용 용도에 대해 이야기한다. 벼룩시장이 열린 날이 언제인지(년, 월, 일, 요일) 말한 후 써 보는 활동도 해 본다. • 회상요법 강화: 벼룩시장을 보고, 어르신들 집에서 벼룩시장에 내놓을 물건이 무엇이 있는지 떠올려 본다. 옛날 장날에 대해 기억해 본다. 장은 어디에서 섰는지, 몇 일 장이었는지, 어르신은 무엇을 샀는지 또는 무엇을 팔았는지 등에 대해 이야기해 본다. • 언어능력 강화: 시장에서 살 수 있는 물건의 이름을 대고, 사용 용도에 대해 이야기한다.

44 그룹 그림 완성

<table>
<tr><td>활동목표</td><td colspan="6">• 대형 하드보드지에 색종이로 붙이고, 그림을 그림으로써 소근육 운동능력 및 눈과 손의 협응능력이 향상된다.
• 참여자들이 함께 그림을 완성함으로써 사회적 상호작용과 대인관계 형성이 향상된다.
• 완성된 작품을 통해 성취감을 충족한다.</td></tr>
<tr><td rowspan="2">주요 활동 영역
●: 주요 효과
◎: 추가 효과</td><td>주의집중력</td><td>언어력</td><td>시공간지각 구성</td><td>기억력</td><td>지남력</td><td>문제해결능력</td></tr>
<tr><td>◎</td><td></td><td>●</td><td></td><td></td><td>●</td></tr>
<tr><td>준비물</td><td colspan="6">대형 하드보드지, 풀, 가위, 색종이, 그림물감, 붓, 물통, 모조지</td></tr>
<tr><td>활동인원</td><td colspan="6">제한 없음</td></tr>
<tr><td>활동방법</td><td colspan="6">① 준비 단계
• 대형 하드보드지에 모조지를 붙여서 바다, 꽃밭, 산, 들 등 밑바탕을 칠한다.
• 바다, 꽃밭, 산, 들 등의 밑바탕을 3~4개 준비한다.
② 활동 단계
• 그룹별로 밑바탕 배경에 들어갈 사물을 그리거나 오린다.
• 바다가 밑바탕인 경우 물고기, 산호, 조개, 물풀 등
• 꽃밭인 경우 다양한 꽃, 나비, 벌 등
• 그룹별로 그리거나, 오린 색종이를 한곳에 모은다.
• 다양한 사물을 섞어서 참여자 개별로 몇 개씩 나누어 준다.
• 참여자는 자신이 가지고 있는 사물이 어느 밑바탕에 어울리는지 찾아 붙이기 한다.</td></tr>
<tr><td>좀 더 나아가기</td><td colspan="6">• 언어능력 강화: 그룹이 만든 작품의 배경, 또는 장소에는 무엇이 살고 있는지 이야기하고, 만든 작품에 대해 시로 표현해 본다.
• 회상요법 강화: 여러 명이 함께 했던 경험에 대해 이야기해 본다. 예로 김장, 된장 만들기, 줄다리기 등이 있다.</td></tr>
</table>

45 꽃 만들어 나누기

<table>
<tr><td>활동목표</td><td colspan="6">• 클레이와 털철사를 만짐으로써 시각 · 촉각의 감각자극을 강화한다.
• 빈 요구르트 통에 클레이를 붙이고, 꽃 만들기를 통해 소근육 및 도구조작 능력이 향상된다.
• 완성된 꽃을 다른 사람에게 선물함으로써 상호작용 방법을 배우고, 자존감이 향상된다.</td></tr>
<tr><td rowspan="2">주요 활동 영역
●: 주요 효과
◎: 추가 효과</td><td>주의집중력</td><td>언어력</td><td>시공간지각
구성</td><td>기억력</td><td>지남력</td><td>문제해결능력</td></tr>
<tr><td></td><td>◎</td><td>●</td><td></td><td></td><td>●</td></tr>
<tr><td>준비물</td><td colspan="6">요플레 빈 통, 클레이, 털철사, 빈 요구르트 통, 클레이, 빨대, 색종이</td></tr>
<tr><td>활동인원</td><td colspan="6">제한 없음</td></tr>
<tr><td>활동방법</td><td colspan="6">① 준비 단계: 요플레 빈 통, 클레이, 털철사를 이용한 꽃 만들기
• 빈 요구르트 통, 클레이, 빨대, 색종이를 준비한다.
• 자신이 좋아하는 색깔의 클레이를 선택한다.
• 빈 요구르트 통에 클레이로 감싼다.
• 요플레 빈 통에 클레이를 채워 담는다.
② 활동 단계
• 털철사로 줄기와 꽃잎을 만들어 클레이에 꽂는다.
• 빨대에 색종이를 입혀 줄기를 만들어 빈 요구르트 통에 꽂는다.
• 색종이로 꽃잎을 만들어 붙인다.</td></tr>
<tr><td>좀 더
나아가기</td><td colspan="6">• 언어능력 강화: 꽃의 종류, 꽃이 피는 시기, 꽃의 색깔, 꽃의 향기에 대해 이야기를 나눈다.
• 회상요법 강화: 어르신이 좋아한 꽃은 무엇이었는지, 꽃을 주거나 받았던 경험이 있었는지, 그때 기분은 어땠는지, 어떤 사건이 있었는지 떠올리며 자세히 이야기해 본다.
• 대인관계 및 사회적 의사소통 강화: 만든 꽃을 상대방에게 주면서 하고 싶은 말을 해보도록 한다. '꽃'이라는 단어가 들어간 노래를 함께 부른다.</td></tr>
</table>

46 주간뉴스 전하기

활동목표	• 주간뉴스 활동을 통해 시간, 사람, 장소에 대한 지남력이 향상된다. • 새로운 뉴스에 관심을 갖게 됨으로 이해력과 주의집중력이 증진된다. • 들은 뉴스 내용을 질문하고 답함으로써 타인과의 의사소통 방법을 배우고, 상호작용이 향상된다.					
주요 활동 영역 ●: 주요 효과 ◎: 추가 효과	주의집중력	언어력	시공간지각 구성	기억력	지남력	문제해결능력
		◎			●	●
준비물	해당 주의 뉴스가 실려 있는 신문기사 혹은 인터넷 기사					
활동인원	제한 없음					

활동방법	① 준비 단계 • 진행자는 해당 주간의 헤드라인 뉴스를 수집하여 스크랩한다. ② 활동 단계 • 스크랩한 내용을 참여자에게 전달한다. • 진행자는 건강, 날씨, 주요 이슈에 대해 이야기해 준다. • 참여자에게 이외의 새로운 뉴스를 이야기하게 한다. • 들은 뉴스에 대해서 육하원칙에 따라 질문하고 참여자는 이에 대해 대답한다.
좀 더 나아가기	• 언어능력 강화: 어르신이 직접 마이크를 대고 뉴스를 진행해 본다. 예로 일기예보 및 사회 뉴스 등이 있다. • 회상요법 강화: 어르신이 가장 기억에 남은 뉴스, 가장 기뻤던 뉴스, 가장 슬펐던 뉴스 등을 떠올리며 이야기해 본다. 예로 88올림픽, 대구지하철 참사, 삼풍백화점 붕괴 등이 있다.

47 바구니 터트리기

<table>
<tr><td>활동목표</td><td colspan="6">• 과거 바구니 터트리기 놀이를 회상하여 회상능력을 증진한다.
• 콩 주머니를 던져 바구니 터트리기 활동을 함으로써 대근육 및 소근육 운동과 신체조절능력이 향상된다.
• 팀원이 함께 바구니 터트리기를 함으로 공동체 의식과 성취감을 충족시키며, 긍정적 자긍심을 갖는다.</td></tr>
<tr><td rowspan="2">주요 활동 영역
●: 주요 효과
◎: 추가 효과</td><td>주의집중력</td><td>언어력</td><td>시공간지각 구성</td><td>기억력</td><td>지남력</td><td>문제해결능력</td></tr>
<tr><td></td><td></td><td>●</td><td>◎</td><td></td><td>●</td></tr>
<tr><td>준비물</td><td colspan="6">바구니 4개, 한지, 풀, 가벼운 공, 끈, 콩 주머니</td></tr>
<tr><td>활동인원</td><td colspan="6">제한 없음</td></tr>
<tr><td>활동방법</td><td colspan="6">① 준비 단계
• 참여자를 두 팀으로 나눈다.
• 바구니 한 개에 가벼운 공을 10개 정도 넣고, 그 위에 또 다른 바구니를 엎어 한지로 붙인다.
• 각 팀에 해당하는 바구니를 천장에 매달아 둔다.
• 콩 주머니는 1인당 3개씩 나누워 준다.
② 활동 단계
• 두 팀은 콩 주머니를 던져 매달린 바구니를 터트린다.
• 콩 주머니를 던져 빨리 터트리는 팀이 이긴다.
• 과거 바구니 터트리기 놀이를 했던 것에 대해 이야기해 본다. 누구랑, 언제, 어디서 바구니 터트리기를 했는지, 좋았던 것은 무엇이었는지 이야기해 본다.</td></tr>
<tr><td>좀 더 나아가기</td><td colspan="6">• 언어능력 강화: 바구니 안에 단어 그림 종이를 넣어 두어, 바구니가 터졌을 때 떨어진 단어 그림에 대해 이름을 대본다. 단어 그림 종이는 명사, 동사로 다양하게 준비한다. 이를 통해 어휘 및 이름 대기능력을 증진시킬 수 있다.</td></tr>
</table>

48 빌딩 만들기

활동목표	• 나무토막을 색깔별로 분류해 보면서 인지능력을 강화한다. • 나무토막을 손으로 만져보도록 하여 촉각을 자극시키고, 작은 나무토막을 손가락으로 집도록 하여 소근육 운동능력을 활성화한다. • 나무토막을 쌓음으로 시공간지각구성능력이 향상된다.					
주요 활동 영역 ●: 주요 효과 ◎: 추가 효과	주의집중력	언어력	시공간지각 구성	기억력	지남력	문제해결능력
	◎		●			●
준비물	직육면체 나무토막, 바구니					
활동인원	제한 없음					

활동방법	① 준비 단계 • 2인 1조로 팀을 구성한다. • 나무토막이 들어있는 바구니를 준비한다. ② 활동 단계 • 나무토막을 성냥개비 쌓는 것처럼 쌓아 올린다. • 가장 높게 쌓아 올린 조가 이긴다.
좀 더 나아가기	• 언어능력 강화: 집의 종류에 대해 이야기해 본다. 예로 초가집, 한옥, 아파트, 연립주택 등이 있다. 집은 나에게 어떤 의미인지 이야기해 본다. • 회상요법 강화: 어르신이 지금까지 살았던 집은 어떤 집이었는지 이야기해 본다. 그 집에 같이 살았던 사람들은 누구였는지, 어떤 일이 있었는지 기억하여 이야기해 본다.

부록

프로그램일지

<table>
<tr><td colspan="2">프로그램명</td><td>게이트볼</td><td>장소</td><td>○○노인복지센터 1 생활실</td></tr>
<tr><td colspan="2">일시</td><td>2017. 09. 14</td><td>실시 시간</td><td>14:00 ~ 15:00 (1시간)</td></tr>
<tr><td colspan="2">진행자</td><td>전 직원</td><td>참여자/현원</td><td>62/63(명) (98%)</td></tr>
<tr><td rowspan="3">참여자</td><td>3등급</td><td colspan="3"></td></tr>
<tr><td>4등급</td><td colspan="3"></td></tr>
<tr><td>5등급</td><td colspan="3"></td></tr>
<tr><td colspan="2">미참여자</td><td colspan="3">김○○(조기 귀가로 미참여)</td></tr>
<tr><td rowspan="2">프로그램내용</td><td>목표</td><td colspan="3">대근육 운동능력 및 신체조절능력을 증진시킨다.
자신의 신체를 움직여 보도록 하여 시공간지각구성능력을 향상시킨다.</td></tr>
<tr><td>진행 방법</td><td colspan="3">진행자가 음악에 맞춰 노래를 부르는 등의 활동을 통해 프로그램 시작을 알리며, 어르신들의 참여를 유도한다. 진행자의 지시에 따라 간단한 스트레칭을 하며 가볍게 몸을 푼다. 먼저 두 팀으로 나누어 각각 팀명을 정한다. 팀별로 서로 번갈아 T자형 스틱으로 공을 쳐 골대에 넣는다. 골대에 더 많은 공을 넣은 팀이 이기는 것으로 하고, 이긴 팀과 진 팀에게는 상품을 차등 제공한다.</td></tr>
<tr><td colspan="2">사진</td><td colspan="3"></td></tr>
<tr><td colspan="2">평가</td><td colspan="3">게이트볼 프로그램 참여를 통해 T스틱을 활용해 자신의 신체를 움직여 골대에 공을 통과 시켜봄으로써 균형감각능력을 향상시켰으며, 팀별 간의 활동을 통해 참여자들 간의 사회성이 향상되었다.</td></tr>
</table>

프로그램 운영 기록지

결재	담 당	사무국장	원 장

프로그램명	게이트볼	장소	○○노인복지센터 1 생활실
일시	2017. 09. 14	실시 시간	14:00 ~ 15:00 (1시간)
진행자	전 직원	참여자/현원	62 /63 (명) (98%)
주제	신체기능향상	준 비 물	공, 게이트볼 골대, 게이트볼 채
프로그램 진행과정	진행자가 음악에 맞춰 노래를 부르는 등의 활동을 통해 프로그램 시작을 알리며, 어르신들의 참여를 유도한다. 진행자의 지시에 따라 간단한 스트레칭을 하며 가볍게 몸을 푼다. 먼저 두 팀으로 나누어 각각 팀명을 정한다. 팀별로 서로 번갈아 T자형 스틱으로 공을 쳐 골대에 넣는다. 골대에 더 많은 공을 넣은 팀이 이기는 것으로 하고, 이긴 팀과 진 팀에게는 상품을 차등 제공한다.		
프로그램 활동목표	대근육 운동능력 및 신체조절능력을 증진시킨다. 자신의 신체를 움직여 보도록 하여 시공간지각구성능력을 향상시킨다.		
전반적 평가	게이트볼 게임 프로그램 참여를 통해 T스틱을 활용해 자신의 신체를 움직여 골대에 공을 통과 시켜봄으로써 균형감각능력 및 집중력 향상에 도움을 주었으며, 팀별 간의 활동을 통해 참여자들 간의 사회성이 향상되었다.		

대상자 프로그램 평가

평가	참여도			만족도			수행도			반응 및 특이사항 (의견 수렴)
	상	중	하	상	중	하				
홍○동	○			○			○			프로그램에 적극 참여하며 만족도가 높음
홍○순		○		○			○			프로그램에 참여는 보통이나, 만족도는 높음
김○순		○			○			○		프로그램에 참여도 및 만족도 모두 보통
이○자			○		○			○		프로그램 수행 및 활동은 소극적이나 만족도는 보통
김○자			○			○			○	프로그램에 참여는 하나, 수행 및 활동이 소극적이며 만족도가 낮음

미참여 대상자 명 및 사유	김○○(조기 귀가로 미참여)
의견에 대한 차후 프로그램 반영 (향후 개선점)	

참고문헌

강수균, 김동연, 석동일, 조홍중, 최경희(2002). 노인성 질환에 대한 언어재활 프로그램-장애인의 삶의 질 개선. 대구: 대구대학교 출판부.

국민건강보험공단(2015). 인지훈련 매뉴얼.

곽미정, 정옥란(2005). 콜라주 기법이 알츠하이머성 치매의 의사소통 능력 증진에 미치는 효과. 대구대학교 재활과학대학원 석사학위논문.

권중돈(2004). 치매환자를 위한 프로그램의 실제. 서울: 학현사.

김동기, 김은미(2006). 노인심리와 사회. 서울: 창지사.

김명, 고승덕, 서미경, 서혜경(2004). 노인 보건 복지 이론과 실제. 서울: 집문당.

김정완 (2006). 알츠하이머성 치매환자의 발화 특성. 연세대학교 대학원 석사학위논문.

김준규, 전도선(2007). 재활과 치료레크리에이션. 서울: 동문사.

김성수, 김화수, 이상경, 황보명 공역, Khara L. Pence, Laura M. Justice 저(2010). 언어발달-이론에서 실제까지. 서울: 학지사.

김용대, 서해근(2007). 고령화 사회에 대비한 노인운동 재활프로그램에 관한 연구. 동아대학교 스포츠과학연구소, 25, 23-38.

김은주(2000). 노인건강을 위한 운동 프로그램. 서울: 학문사.

김지채, 김화수, 이은경, 이은정 공역, M. N. Hegde 저(2012). 실어증과 신경언어장애. 서울: 박학사.

김한솔, 정민예(2011). 치매노인에게 적용한 작업 중심 회상치료와 의사소통 중심에 따른 회상치료의 효과. 고령자 치매작업치료학회지, 5(2), 17-28.

김향희, 윤지혜, 김정완 공역, Angela N. Burda 저(2014). 노화와 의사소통장애. 서울: 학지사.

김화수, 김성수, 박소현, 정부자, 이상경, 이은정, 권유진 공역, Rhea Paul, Courtenay F. Norbury 저(2014). **언어발달장애**. 서울: 박학사.

김화수, 김성수, 이상경, 최성희, 최철희 공역, Robert E. Owens 외 저(2018). **의사소통장애-전 생애적 근거기반 조망**. 서울: 시그마프레스.

김화수, 천정민, 김시현(2018). 노인 언어재활에 대한 노인복지시설 종사자의 인식과 수요조사. **언어치료연구, 27**(3), 173-182.

나경애(2012). **노인 우울증 예방을 위한 미디어 치료 프로그램**. 서울: 한국미디어학교.

문화부(1991). **전통놀이 모음집**.

박보란(2013). 노인의 담화에 나타난 주제진술특성. 대구대학교 대학원 석사학위논문.

박정미(2008). **치매노인 음악치료**. 서울: 서현사.

박정호, 김화수(2013). 정상노화와 병리적노화에 따른 발화 특성: 품사 사용을 중심으로. **재활복지, 17**(2), 299-317.

박준수, 이병회(2010). 신체활동 프로그램이 치매노인의 인지, 신체적 기능, 삶의 질, 우울에 미치는 영향. 삼육대학교 대학원 석사학위논문.

박창영(2006). **전통놀이, 민속놀이, 환경놀이 레크리에이션**. 서울: 일신서적출판사.

백지연(2011). **성인을 위한 놀이치료**. 서울: 북스힐.

손은남, 강수균(2007). 노인치매의 유형 및 심한정도에 따른 담화 특성. 대구대학교 대학원 박사학위논문.

신혜원(2012, 2014). **노인 놀이치료**. 경기: 공동체.

신혜원, 전미애(2006). **치매노인을 위한 전통놀이 프로그램**. 경기: 양서원.

안상현(2013). **치매 노인은 무엇을 보고 있는가**. 서울: 윤출판.

양혜경(2007). 음악치료레크리에이션이 치매노인의 인지기능에 미치는 효과. **한국예술치료학회지, 7**(1), 28-49.

엄기매, 양영애 공역, Brian W. Banks 저(2004). **노인활동 프로그램**. 서울: 영문출판사.

오현경, 강수균(2005). 역동적 언어 훈련 프로그램이 알츠하이머형 치매 노인의 인지능력 및 의사소통능력 향상에 미치는 효과. 대구대학교 대학원 석사학위논문.

윤찬중, 명봉호(2008). **노인 여가와 치료레크리에이션**. 서울: 진영사

이가옥, 강희설, 이지영(2005). **노인 집단 프로그램 개발-마음을 여는 이야기**. 서울: 나눔의 집.

이기숙(2000). **유아교육과정**. 서울: 교문사.

이숙재(2004). **유아를 위한 놀이의 이론과 실제**. 서울: 창지사.

이윤로(2003). **치매노인과 사회복지 서비스**. 서울: 학지사.

예하미디어 편집부(2005). **놀이이론과 실제**. 서울: 예하미디어.

전영미, 김화수(2015). 정보전달능력을 중심으로 한 20대부터 50대까지의 연령대별 담화 특성. **재활복지, 19**(1).

정진숙, 이근매(2010). 회상요법을 적용한 집단콜라주 미술치료가 요양시설 치매노인의 문제행동에 미치는 효과. **미술치료연구, 17**(1), 131-148.

정현희, 이은지(2007). **실제 적용중심의 노인미술치료**. 서울: 학지사.

조주희, 임윤선(2012). 치매 노인의 인지기능을 위한 선행연구분석 및 예술치료 프로그램 연구. 한양대학교 대학원 석사학위논문.

천정민, 김화수(2017). 청년기와 장년기 지적장애인의 의사소통 삶의 질 비교: 사회적 의사소통 능력을 중심으로. **재활과학연구, 56**(4), 425-443.

최외선, 조용태, 이근매(2009). **노인미술치료**. 서울: 시그마프레스.

한경애(2007). **놀이의 달인, 호모 루덴스**. 서울: 그린비.

한국노년학회, 서울특별시(2017). 제12회 서울노년학 국제학술심포지엄. 제4차 산업혁명 시대의 스마트에이징: 기회와 도전. 서울: 한국노년학회.

황인옥(2002). 원예치료 프로그램 적용을 통한 치매노인의 사회적응력 강화전략에 관한 연구. 부산대학교 대학원 박사학위논문.

Aguirre, E., Hoare, Z., Streater, A., Spertor, A., Woods, B., Hoe, J., & Orrell, M. (2013). Cognitive stimulation therapy(CST) for people with dementia-Who benefits most. *Geriatric Psychiatry, Vol.28*, 284-290.

Atchley, R. C. (1971). *Social Forces in Later Life* (2nd ed.) Belmont, CA: Wadsworth Publishing Co.

Bateson, G. (1956). The message is "This is play." In B. Schaffner's (Ed.), *Group Processes*, 145-151. New York: Josiah Macy.

Bei, W. N., Nancy B. E. L., & Kun, C. (2010). Dementia Care Program and Services for Chinese Americans in the U.S. *Springer Science & Business Media, Vol.*35, 128-141.

Breen, L. B. (1960). The Aging Individual. In C. Tibbitts (Ed.), *Handbook of Social Gerontology*. University of Chicago Press.

Bronfenbrenner, U. (1979). Foreword. In P. Chance (Ed.), *Learning Through Play*. New York: Gardner.

Burghardt, G. M. (1984). On the Origins of Play. In P. K. Smith (Ed.), *Play: In Animals and Humans*(5-41). Oxford: Basil Blackwell.

Ellis, M. J. (1973). *Why People Play*. Englewood Cliffs, N.J.: Prentice-Hall.

Erikson, E. H. (1950). *Childhood and Society*. New York: Norton, Bacon.

Grubman, J. H. (2013). Dementia, Care Transitions, and Communication: Sharing Information is Key to Patient-Centered Care. *Journal of the American Society on Aging, Vol.37,* No.3, 97-99.

Jootun, D., McGhee, G. (2011). Effective communication with people who have dementia. *Nursing Standard, Vol.25*, No.25, 40-46.

Kimmel, D. C.(1974). *Adulthood and Aging*. New York: John Wiley & Sons.

Maslow, K., Fazio, S., Ortigara, A., Kuhn, D., & Zeisel, J. (2013). From Concept to Practice: Training in Person-Centered Care for People with Dementia. *Journal of the American Society on Aging, Vol.37*, No.3, 100-107.

McDermott, O., Crellin, N., Ridder, H. M., & Orrell, M. (2013). Music therapy in dementia: a narrative synthesis systematic review. *Geriatric Psychiatry, Vol.28,* 781-794.

Mimura, M., & Komatsu, S. I. (2007). Cognitive rehabilitation and cognitive training for mild dementia. *Psychogeriatrics, Vol.7*, 137-143.

Okumura, N., & Fujimoto, N. (2013). 認知症ケア これならできる 50のヒント. 京都: KAMOGAWA.

Potkins, D., Myint, P., Bannister, C., Tadros, G., Chithramohan, R., Swann, A., O'Brien, J., Fossey, J., George, E., Ballard, C., & Margall, M. (2003). Language Impairment in dementia: Impact symptoms and care needs in residential homes. *International Journal of Geriatric Psychiatry, Vol.18*, 1002-1006.

Tew, J. D. Jr. (2012). Care Transitions and the Dementia Patient: A Model Intervention Builds Communication, Trust-and Better Care. *Journal of the American Society on Aging, Vol.36*, No.4, 109-112.

Thompsion, I. M. (1987). Language in Dementia. *International Journal of Geriatric Psychiatry, Vol.2*, 145-161.

찾아보기

저자 소개

이금자 Kum-Ja Lee

대구가톨릭대학교 대학원 사회복지학박사

선정노인복지센터 원장

국민건강보험공단 노인장기요양보험 서비스 우수사례 공모전 우수상(2009년) 수상

국민건강보험공단 장기요양 급여제공 서비스 우수사례 발표대회 우수상(2013년), 최우수상(2015년) 수상

주요 논문 및 저서

「노인의 삶의 질 결정요인에 관한 연구—노인 코호트를 중심으로—」(2008)

『자원봉사론』(공저, 양서원, 2010)

『치매 예방을 위한 인지 · 의사소통 놀이 50』(공저, 학지사, 2015)

『할배 할매들의 못다 한 이야기』(북랜드, 2018) 외 다수

김화수 Wha-Soo Kim

이화여자대학교 대학원 언어병리학박사

대구대학교 재활과학대학 언어치료학과 교수

대구대학교 언어의사소통연구소장, 한국인지학습학회장, 국제다문화의사소통학회장, 한국한부모가정학회장, 한국언어치료학회 이사, 여성가족부 다문화가족포럼위원, 보건복지부 1급 언어재활사

대구대학교 연구자상(2014~2018년) 수상

한국언어치료학회 논문우수상 수상

주요 논문 및 저 · 역서

「노인 언어재활에 대한 노인복지시설 종사자의 인식과 수요조사」(2018)

『치매 예방을 위한 인지 · 의사소통 놀이 50』(공저, 학지사, 2015)

『의사소통장애: 전 생애적 조망』(공역, 시그마프레스, 2007)

『언어발달: 이론에서 실제까지』(공역, 학지사, 2010)

『실어증과 신경언어장애』(공역, 박학사, 2012) 외 다수

임은실 Eun-Shil Yim

연세대학교 대학원 간호학박사

대구보건대학교 간호학과 교수

국민건강보험공단 건강보험정책연구원 부연구위원

한국보건사회연구원 선임연구원

국무총리상(2018년) 수상

주요 논문 및 저서

「3년간 주간보호와 방문요양 서비스를 이용한 치매노인의 인지기능과 일상생활수행능력에 미치는 효과 비교」(2014)

『지역사회간호학』(공저, 수문사, 2014)

『치매 예방을 위한 인지 · 의사소통 놀이 50』(공저, 학지사, 2015) 외 다수

스마트 에이징을 위한
치매 예방 인지·의사소통 놀이 48
Anti-Dementia Cognitive Communication Play for Smart Ageing 48

2019년 4월 1일 1판 1쇄 인쇄
2019년 4월 10일 1판 1쇄 발행

지은이 • 이금자 · 김화수 · 임은실
펴낸이 • 김진환
펴낸곳 • ㈜학지사
04031 서울특별시 마포구 양화로 15길 20 마인드월드빌딩
대표전화 • 02-330-5114 팩스 • 02-324-2345
등록번호 • 제313-2006-000265호

홈페이지 • http://www.hakjisa.co.kr
페이스북 • https://www.facebook.com/hakjisa

ISBN 978-89-997-1810-6 93180

정가 15,000원

이 도서의 국립중앙도서관 출판시도서목록(CIP)은 서지정보유통지원시스템 홈페이지(http://seoji.nl.go.kr)와 국가자료공동목록시스템(http://www.nl.go.kr/kolisnet)에서 이용하실 수 있습니다.
(CIP 제어번호: CIP2019009925)